中公新書 2637

北村一真著

英語の読み方

ニュース、SNSから小説まで

中央公論新社刊

使える英語という言葉を耳にしたとき、皆さんはどのようなものを思い浮かべるでしょうか。

日本では文法や読解中心の英語教育が行われており、その結果、ある程度読むことはできるけれども、肝心の会話が全くできない人が多い、ということが長年にわたって指摘されてきました。そのため、使える英語というのは「読み書き」ではない、「聞いたり話したりする英語」であるというイメージを持つ方も少なくないかもしれません。

しかし、もしこのようなイメージがあるとすれば、それは2つの点で誤った、あるいは少なくとも非常に偏った見方です。

第一に、現代の日常生活において、英語の読み書きのスキルは非常に実用的な価値を持っています。

英語をきっちりと読むことができれば、売店や書店で販売されている英字新聞や英字雑誌、英語圏のベストセラー小説などは言うまでもなく、インターネット上の英語媒体にもすぐにスマホやタブレットなどからアクセスすることができ、日常的に触れることのできる情報の幅がかなり広がるでしょう。

さらに、書くことによって意思疎通ができれば、SNSなどで英語を用いて情報交換をしたりすることも容易になり、日々のコミュニケーションが純粋に豊かになることは間違いありません。

しかし、より重要なのはもう１つの点です。現代を生きる多くの日本人にとって、「ネットで普通に使われているような英語を問題なく読めるかどうか」が、「聞く力」「話す力」を自力で高めていける人と、そうではない人との大きな分水嶺となる、という事実です。

　令和の時代のネットには、一昔前には想像できなかったような環境があります。多様なニュースサイトやTED Talksなど、英語学習に役立つ動画や音声などに簡単にアクセスすることができますし、しかも英語字幕を付けたり、スクリプト（台本）を手に入れたりすることも可能です。

　最初からスラスラと聞き取ることはできなくても、英語を読む力があれば、字幕やスクリプトから内容や構造を理解することができるので、それらは非常に魅力的な音声教材になります。リスニングの練習や、スピーキングのお手本に最適な学習ツールです。

　一方で、英語を読む力がなければ、いくらこのような便利なツールを使って勉強しようとしても、よく意味の分からないものを聞き流すだけとなってしまい、少なくとも自分１人で十分に活用することはできません。これは非常にもったいないことで、宝の持ち腐れと言えるでしょう。

　世の中にあふれている魅力的な素材を利用して、独学でどこまで英語力を鍛えられるか。その鍵は、一見すると回り道のようにも思える読解力のトレーニング、つまり、「読む力を身につけること」にあるのです。

　このような考え方に基づき、本書では全ての英語学習の基本となる読解力にフォーカスします。まずは、「英語を問題なく読める」レベルとして、どの程度の読解力が必要

なのかを確認し、その後、どのようにしてその力を高めていくべきか、どのようにリスニングや会話に応用していけばよいのかを追究していきます。

　本書の章立ては次のとおりです。

　いわば導入編に当たる第1章、第2章で基本となる読解力とその応用の方法について触れたのち、第3章以降ではジャンルごとに異なるタイプの英文に取り組んでいく形を取っています。第3章では新聞や雑誌に用いられる、いわゆる時事英文、第4章では評論文や講演といった、よりアカデミックで抽象度の高い題材に挑戦します。さらに第5章では、日常会話に近いSNS上の英語表現、漫画のセリフ、小説の一節などを扱います。

　対象となる読者として、大学受験レベルの基本事項について一度は学んだことがあり、辞書を用いて時間をかければ、ある程度のレベルの英文の意味を理解することができる人を想定しています。

　しばらく英語学習から離れていた方にとっては、最初は少し難しく感じるかもしれません。しかし、読み進めるにつれて、高校までに学んできた知識の価値の大きさを再確認し、「使える英語が身につく」とはこういうことか、という実感を抱いてもらえると思います。読み終えた後、この本のレッスンをうまく活用して、英語のネット記事や小説を読んだり、英語での情報番組や動画を楽しんだりしてもらえることを願っています。

英語の読み方——ニュース、SNS から小説まで
—————————— **目次** ——————————

―――――――――――――
第 **3** 章
―――――――――――――

時事英文を読む
―新聞、ニュースに挑戦―…… 63

―――― 第 **4** 章 ――――

論理的文章を読み解く
―スピーチ、インタビュー記事から論文まで―……117

第 **5** 章

普段使いの英文解釈
—SNS、コミック、小説を読みこなす—……157

―――――― 巻末付録 ――――――

「一歩上」に進むための
厳選例文 60

―解釈や作文に活かせる重要語彙、文法、イディオムを身につける―

凡例

- 本書でリーディングの素材として引用する英文の日本語訳について
  は、英語学習の効果を鑑み、日本語原文があるものも含め、筆者自
  身による訳を掲載している。
- 頻出する文法用語について、一部を読みやすさの観点から囲みを用
  いて表記している。
  （例）　to 不定詞
- 略語一覧
  - C＝補語
  - O＝目的語
  - S＝主語
  - V＝述語動詞

本文デザイン・組版◎ヤマダデザイン室

第1章

英文を読む前に
─日本人に適した英語の学び方─

まずは具体的内容に入る前に、「読む」「聞く」「書く」「話す」からなる英語4技能の重要性が叫ばれている中、なぜあえて「読み方」に的を絞るのか、本書のねらいを明確にしておきましょう。

1.1
なぜ読解力が大事なのか

英語4技能

「日本の英語教育は文法や読みのトレーニングに偏っている。話す、聞くを含めた4技能をバランスよく鍛えるべきだ」ということが昨今、強く主張されています。

このような言葉を耳にして「確かに大学受験の英語も大半が読み書き中心だし、そのせいで日本の学習者は英語を多少は読めても話すことができないのだな」と納得してしまう人もいるかもしれません。

4技能をバランスよく、という学習指針を否定するつもりは毛頭ありませんが、この傾向が読むことや書くこと、ひいてはその基礎となる英文法の学習を軽視することに結びつくとすれば、それは日本人の英語を読む力、書く力を

崩壊させてしまうという意味でも、日本流の英語教育の強みを殺してしまうという意味でも、非常に危険なことだと思います。

「読む力」の現実

少し冷静に、日本の平均的な学習者がどこまで英語を読めているのかということを検討してみましょう。

ここ1年で読んだ英語の本（小説でもエッセイでも評論でも何でもよいです）を数冊挙げて下さい、と言われてサッと挙げられる人はどれくらいいるでしょうか。あるいは英字新聞や英語雑誌を定期的に読んでいる、英語のサイトで日常的に情報収集している、という人はどれくらいいるでしょうか。統計を取ったわけではありませんが、受験勉強で英語に熱心に取り組んだ難関大学の出身者に絞ったとしても、その割合は決して多くないのが実情ではないかと思います。英語を多少は読める、と言っても、実用的なレベルには到達していないということです。

これには、次のような反論があるかもしれません。「時間をかけて辞書を使えば、新聞記事などもそれなりに意味は分かる。しかし、ニュースで言っていることや映画のセリフなどはさっぱり聞き取れない。やはり、読む力のほうが聞く力よりはるかに高いということではないか」

このような感覚が、「読めるけど聞けない、話せない」というイメージを支えてきた側面があると思われます。しかし、この感覚は必ずしも正しいとは言えません。

読解力の錯覚

　結論から言えば、そのような感覚は「読む」ことに対する基準と、「聞く」ことや「話す」ことに対する基準が全く異なることから生まれる、一種の錯覚です。

　たとえば、大学入試の長文問題を制限時間内に解き、正解率が高かった人はその長文が読めたと感じるでしょう。これ自体は間違いではありません。

　しかし、英語話者の読解スピードと言われる「1分間に200語（センター試験の全ての英文を20分強で、語数の増加が話題になった共通テストの英文でも約30分で読み終えるスピード）」という基準から見ると、大半の人は恐らく半分以下（場合によっては3分の1以下）のスピードでしか読めていないと思います。これを「読める」とするのであれば、ニュースの報道や映画のセリフを半分以下の速度、3分の1の速度で言ってもらえれば聞き取れる、という状態も「聞ける」と見なさなければなりません。

　ところが、上のように「読めるけど聞けない、話せない」という感覚を持っている人は「聞ける」や「話せる」のほうにはネイティブスピードやそれに近い基準を当てはめる傾向があるように思えます。

　つまり、「日本人は読めるけど聞けない、話せない」という主張は、「日本人はネイティブスピードの半分以下の速度でなら読めるけど、ネイティブスピードで会話はできない（聞けない、話せない）」という、いたって当たり前のことを言っているに過ぎないのです。4技能における相対的な力の差についての表現としては、とても大雑把なものです。このような認識を基準に、学びの力点の配分を考

えることはナンセンスであると言わざるをえません。

　意外に思われるかもしれませんが、ニュースや講演のように、話者が聞き手を意識してはっきりと話している英語を聞き取れないとすれば、実際は発音や耳の問題だけではなく、読解力も原因だと考えてほぼ間違いありません。

　英語話者向けのニュースで、キャスターやリポーターは英字新聞に近いレベルの英語を1分間に約150〜200語のスピードで話しています。新聞記事を1分間に70〜100語しか読めないとすれば、ついていけなくて当然なのです。

　逆に言うと、読むレベルが分速150語以上になってくれば、かなりリスニングも楽になるでしょうし、分速200語で標準レベルの英文が読める人が全く聞き取れないということは、そうそうないと思います。

偏りを強みへ

　このように書くと、「要するに、受験勉強で必死に英語を読む訓練をしても、全然身についていないということではないか。力がそんなにないうちから、レベルに合っていない英文を解剖するように読む訓練をするから、そういう遅い読みになってしまうのだ。やはり、バランスの悪い学習法なのだ」という感想を持つ人もいるかもしれません。

　確かに、受験勉強では学習者の英語力を大幅に超えるレベルの英文を、丹念に時間をかけて読む訓練をするのが普通です。やや偏りがあるということは否定できません。ただし、この偏りは、見方を変えれば強みでもあるというのが私の考え方です。

　なぜなら、英語圏での長期滞在などによって、環境の中

で自然と英語を身につけ、シンプルな英語でのやりとりには特に困らないという人がよく行き詰まるポイントが、実は大学入試問題に出題されるような英文読解だからです。

彼らがこのレベルから先に進むには、感覚的にある程度身についている英語について、改めてイチから勉強しなおさなければならず、大変な苦労を要するのです。

一方、受験勉強などを通じて、基本的な文法力、読解力を身につけた人は、スピードや語彙力の問題ではまだまだトレーニングが必要なものの、習得に苦労を要する「英語を正確に理解するスキル」がかなりの部分まで身についています。

これは中級以上の英語力を目指す上で大きなアドバンテージです。日本で教育を受けてきた人なら、読解力の基礎を強みとして他の能力にも応用していくほうが、そこまでのやり方をすべて捨てて、突然英会話の練習をするよりはるかに効率がよいと思います。本書が「読む」能力に焦点を当てている背景には、こういった考え方があります。

英文を読むための前提

さて、このような背景を念頭に置きつつ、ここからは英文を読む上での具体的な前提に目を向けていきましょう。

英文を読んでいくにあたっての前提条件となるものを大きく３つに分けると、「文法の理解」「広い意味での語彙力」「英文の内容に関する背景知識」に分類できます。

このうち最初の２つについて言うと、文法が大学受験レベルでもかなり網羅されているのに対し、語彙力（あるいは単語や熟語、語法の知識）は受験レベルと実践レベルに

かなりの乖離があるという特徴が挙げられます。

　また、3つ目の背景知識については、知識の有無や多寡がもたらす理解度の差が読解（あるいはリスニング）の学習にどのような影響を与えるかということは、理解しておいて損のないトピックだと思います。英文で書かれている内容に関する知識が豊富にあれば、語学力で不足している部分を補うこともできますが、逆に知識が乏しい分野の英文だと語学的に易しくても苦戦することがあるからです。

　本章では、以上の3つの前提とそれぞれの特徴を念頭に置いて、1.2節で基本的な文法理解の重要性を確認した後、1.3節では語彙力の重要性について、1.4節では背景知識の観点も取り入れた学習の工夫について説明します。大学受験レベルの英文解釈には自信がある、という人には特に1.3節以降をしっかりと読んでもらえればと思います。

1.2
文法の重要性

英文法の意義について

「英文を読むにあたって最も重要なものは何か」と問われた場合、まず英単語が思い浮かぶ人は多いと思います。

　確かに、語彙力は重要です。1つの文の中に見たこともない単語が3つも4つも出てくる状態が続けば、文章を読み解いていくのが苦痛になってきます（語彙力の重要性については次節で扱います）。

　しかし、単語さえ分かれば内容を理解できるかと言うと、そうではありません。自信を持って英文の内容が分かった、

と言えるようになるためには、文の骨格、つまり、文法的な構造もしっかりと見えていなければなりません。

　これは大学受験レベルの英語をしっかりとやり込んだ人には当然のことのように聞こえるかもしれませんが、昨今の文法軽視の風潮もあり、必ずしも大前提となっていない状況なのではないかと懸念しています。

　確認のために少し英文を読んでみましょう。以下に挙げる３つの英文は特別に複雑なものではありません。ニュースやインタビュー、映画のセリフ、SNSの投稿などでもよく出くわすレベルのもので、これくらいの英文をサラッと理解できないと記事や小説を読んだりするのは言うまでもなく、日常レベルのリスニングにも大きな支障をきたすと思って下さい。

　この３つの英文の構造が１つも分からない、あるいは意味が理解できないという人は、先に大学受験レベルの英文法書、英文解釈書の定番のものを読み込んで文法の基礎知識とその応用力を鍛えることを強く勧めます（本節の最後にオススメの参考書を挙げています）。

① The person believed to have helped the thief escape has denied he had anything to do with the incident.

② What I think is important is if this restaurant will become a hit among young people.

③ When I opened the door, I was so shocked that he was there that I was utterly speechless.

スッキリしない感覚の正体

難しい単語は１つもありません。高校生が知っていてもおかしくない表現ばかりです。

でも、皆さんはこれらの英文を全くひっかからずにスラスラと読めたでしょうか。

「あれ？　何がどうしたという話だろう」「なんでここに動詞があるの」などと思ってしまい、その後、少し考えてみても自信を持って解釈できなかったという人は、文法の基礎が身についていない可能性が高いです。そのままだと、単語を頑張って覚えても、英文を読んでいて感じる「あれ？」という感覚から抜け出せないかもしれません。

これらの英文でスッキリしない感覚が残るとしたら、おそらく文の構造が明確に見えていないからではないでしょうか。

主語と動詞を確定する

英文①から確認していきましょう。「何が」に当たる主語（S）と、「どうする」に当たる述語動詞（V）の確定からスタートします。読み始めに The person（S） believed（V）という形ではないか、と判断するのはよいとして、believed to have helped... ときた時点で、believed は後ろに [to 不定詞] の形を目的語（O）として取ることができないというルール（たとえば I believed to win. は×）があることを思い出せれば、この believed が過去形の述語動詞であると解釈することはできないと判断できます。

では、どういう可能性があるでしょうか。believed は believe の過去形に加え、過去分詞形としても使えます。

もしそうだとすれば、過去分詞形には be believed to「…すると考えられている」という、 to 不定詞 が続く言い方があるため、ここにある to 不定詞 の問題は解決するように思えます。

　ですが、ここでは be 動詞に当たるものがないことに注意しなくてはなりません。過去分詞形の動詞は be と併用された場合は受動態、have と併用された場合には完了形となります。しかし be や have の補助なしでは述語動詞とはならず、名詞を修飾する形容詞的な用法、「…される（た）、…されている」という意味を持つものとなります。以下の例でその違いを確認してみましょう。

Those photos were taken by Jiro.
訳 「これらの写真は次郎に撮影された」
（be 動詞＋過去分詞形→受動態）

Jiro has taken those photos.
訳 「次郎がそれらの写真を撮影した」
（have（had）＋過去分詞形→完了形）

those photos taken by Jiro
訳 「次郎に撮影された写真」
（be も have もなしの過去分詞形→名詞を修飾する形容詞的なもの）

　したがって、ここの believed to have helped... は The person を後ろから修飾していて、The person believed to have helped... の部分は「…を助けたと考えられている人物」という意味だということが分かります。

　となれば、文の述語動詞はさらに後から出てくるはずとの予想ができます。しかしここで、escape がそうではないか、つまり The person（S）escape（V）なのではないか、と早とちりしないことも大切です。もし escape が述語動詞なら、三人称単数の主語ですから、escaped / escapes などとなるはずです。

　英語を読み慣れている方なら、make や let あるいは see などの動詞と同様、help の後には「目的語＋ 原形動詞 」の形が来て「〜が…することを助ける」という意味になることが多いという意識があるはずです。have helped the thief まで読んだ時点で、「泥棒をどう助けたのか？」という疑問が頭に浮かび、have helped the thief escape「その泥棒が逃げるのを助けた」と一気に読んでしまうことも可能でしょう。

　結局、文の述語動詞（V）は、escape の後に登場する has denied ということになります。have anything to do with ... は「…と何らかの関係がある」という意味なので、「泥棒が逃げるのを手助けしたと考えられている人物はその件にいかなる関係があることも否定した→自分はその件に何の関係もないと主張した」という文意が見えてきます。英文①の構造を示すと次のような形になります。

The person（believed to have helped / the thief / escape）（S）
has denied（V）

(that) he had anything to do with the incident. (**O**)

複雑な構造をどう捉えるか

②の英文はどうでしょうか。やはり難しい単語は使われていませんので、骨格が分かるかどうかがポイントです。important まで読んだ時点で What I think「私が考えること」が主語で、is important「重要である」が述語（**V**）＋（**C**）ではないだろうか、という考えが浮かぶかもしれません。しかし、その後にさらに、is if... という形が続くことで問題が生じることになります。ここで「えっ」となったという人もいるのではないでしょうか。

[What I think]（**S?**） is（**V?**） important.（**C?**） ... is if this restaurant will become a hit among young people. ⬆

何、これ？

文の骨格を見誤らないためには、この時点で解釈を修正したいところです。What I think is important「私が重要だと考えること」までが主語であると判断できることが重要になりますが、それにはこのタイプの構造、いわゆる連鎖関係詞節についての英文法の知識が不可欠です。

連鎖関係詞節というのは、関係詞が節の中で果たす役割が、そこに含まれるさらに小さい節（多くは思考伝達系の動詞や形容詞の後に続く that 節）の一部になっているような構造のことを言います。やや抽象的すぎる説明になっていると思いますので、具体例を使って、普通の関係詞節と連鎖関係詞節の違いを見てみましょう。

...the thing which (S) is (V) very important (C) .
[訳]「とても重要なこと」
→ which は関係詞節の主語 (S) になっている。

the books which (O) he (S) had read (V)
[訳]「彼が読んでいた本」
→ which は関係詞節の目的語 (O) になっている。

...people who (S) will forgive (V) us (O) .
[訳]「私たちを許してくれるであろう人々」
→ who は関係詞節の主語 (S) になっている。

...the thing which (S) I think (that) is (V) very
important (C) .
[訳]「私がとても重要だと考えること」
→ which は関係詞節の中の I think に続く that 節の主語
　になっている。

the books which (O) he said (that) he (S) had read
(V) .
[訳]「彼が読んだと言っていた本」
→ which は he said に続く that 節の目的語 (O) になっ

12

ている。

people who (S) we are sure (that) will forgive (V) us
(O)
訳「私たちがきっと許してくれるだろうと思う人々」
→ who は we are sure に続く that 節の主語 (S) になっ
ている。

　上記のように、結果として関係詞節の関係詞の直後に主
語と思考伝達系の表現が挿入されたような形になることが
多いため、関係詞節内の主語と動詞の挿入と説明している
文法書もあります。
　英文②の構造に話を戻すと、この英文の what I think is
important というのは、以下の図のように、関係代名詞の
what が (that) [　] is important という that 節の主語の役
割も担っている構造ということになり、意味としては「私
が重要だと考えること」となります。

what I think (that) (that 節内の主語) is important

　そしてさらに、後ろの if this restaurant will become a hit
among young people という部分が be 動詞に続いて現れる
形になっていることから、「このレストランが若者のあい
だでヒットするかどうか」という趣旨の接続詞の if を用
いた名詞節であるということも正しく判断できなくてはな
りません。
　if の名詞節は know や ask などの目的語として使われる

ことが多く、主語や補語では whether 節が好まれるというイメージがあるかもしれませんが、口語や少し砕けた文体では以下のような形もよく見られます。

It is not clear if he will join the contest or not.

訳 「彼がそのコンテストに参加するかどうかは定かではない」

まとめると、②の構造は以下のようになります。

[What (I think) is important] (**S**) is (**V**) [if this restaurant will become a hit among young people.] (**C**)

これが正しく見えれば、「私が重要だと考えていることはこのレストランが若者のあいだでヒットするかどうかだ」という文意が、すんなり読み取れるのではないでしょうか。

文の骨格を見抜くヒント
英文③も、①、②同様、特別難しい単語は含まれていません。When I... のように接続詞から始まっている文は、その接続詞が従える部分が終了するまでは文の骨格が見えてこないので、まずはその範囲を確定します。
接続詞の when は名詞節も副詞節も作ることができますが、文頭では副詞節であることが多いため、この節が終わった後に主語と述語動詞が出てくる可能性が高い、と考えながら読み進めます。

　door の後のコンマ（,）をヒントにして、when 節の範囲を確定し、I（**S**）was（**V**）という骨格を把握しましょう。

　その後も注意が必要です。so shocked「それほど衝撃を受けた」と言うのですから、どれほど驚いたのだろうと考え、その説明をする that 節が続くことを期待しなくてはいけません。因果関係や程度を表す、いわゆる so...that 構文で、高校英文法で習う内容です。しかし、すぐ後に that が出てきたからと言って跳びつかないように。

so shocked
訳　「それほど衝撃を受けた」
that he was there
訳　「彼がそこにいたほど？」 ◀ どういう状況？

　これでは意味が通っているとは感じられません。ここから、この that は「なぜ衝撃を受けたのか」、つまり、shocked の状態に至る理由を表す節を構成するものになっていて、後に出てくる that こそ、so...that 構文の that だと判断しなければなりません。

so shocked that he was there
訳　「彼がそこにいることにそれほど衝撃を受けた」
that I was utterly speechless.
訳　「全く言葉が出ないほど」

　こう解釈すれば、ドアを開けたら全く予想外の人物がいて言葉を失っている光景が浮かんできます。

オススメの学習参考書

　以上、3つの英文を文法構造に焦点を当てながら見てきましたが、冒頭でも述べたように、これらの英文に手も足も出なかったという人は、先に大学受験レベルの内容を再確認しておいたほうが、その後の学習がはるかに効率よく進むと思います。以下に有効な著作をいくつかピックアップしましたので、参考にしてみて下さい。

　基礎レベル

1. 田中健一著『英文法基礎10題ドリル』（駿台文庫）

　　大学入試レベルの基本からドリル形式で確認できる作りになっています。「短い文なら分かるが、長くなると混乱する」という人は、一読しておいて損はないでしょう。

2. 宮下卓也著『単語を覚えたのに読めない人のための英文読解のオキテ55』（KADOKAWA）

　　句・節を単位に、英文を構造的に読む方法を分かりやすく説明しています。息の長い文を読む時に必要な、英語をカタマリで捉えるためのヒントが詰まっています。

中級以上レベル

3. 篠田重晃ほか著『英文読解の透視図』（研究社）

　　難関大学の受験生に支持され続けている英文解釈の名
　　著。この本を読み切って理解すれば、ひとまず大学受
　　験レベルはクリアした、と言えるでしょう。

4. 伊藤和夫著『［新版］ルールとパターンの英文解釈』
　（研究社）

　　同著者の代表作『英文解釈教室』（研究社）の一歩手
　　前のレベルを対象とした参考書。特に重層的な節構造
　　をパターン化し、その読み解き方を詳しく解説してい
　　ます。

1.3
単語・熟語・イディオム

語彙力の問題

　上に挙げた3つの英文くらいならスラスラと読めるとい
う人、つまり、大学受験レベルの文法理解とそれに基づい
た解釈の基礎は一応クリアできているという人の場合、ニ
ュースや新聞、映画などの英語を読んだり聞いたりする上
で最大の問題になってくるのは単語や熟語、イディオムや
語法の知識です。

大学受験で求められる語彙力は、あくまで試験に最適化すべく一定のレベル（5000〜7000語）におさえられています。したがって、受験英語が得意だったという人でも、英検準1級や1級で問われているような単語問題を見ると、まず使わないマニアックな表現なのではないかと感じてしまうことがあるようです。

　私は、学生時代に英語を一所懸命学んだ人でも英語ができるようになったと実感できない原因、あるいは読解はそれなりにできるはずなのにリスニングが全くできないように感じる原因が、ここにあるのではないかと疑っています。というのも、英検準1級や1級レベルの単語、つまり、7500〜15000語レベルの単語は新聞やニュース、小説、映画などはもちろん、児童書などにも出てくるもので、過剰に難しいものだと思い込んで学ばないままでいると、いざ興味を持ったものを読もうとした時に、語彙力不足のせいで挫折してしまうことが多いからです。

　読む際には、じっくり時間をかけて、前後の文脈などから類推することもできますが、ことリスニングにおいては、ここぞというところで知らない単語が出てくると、よほど英語を聞き慣れている人でなければ苦戦します。

クイズで力試し（単語）

　実際に、2020年の前半に私がオンライン上で視聴した英語ニュースから、受験レベルよりは少し高いけれど、よく使用されているなと感じる単語をいくつか抜き出してみました。あくまで一時期の話題についてのニュースですから、偏りはありますが、ある種の指標にはなると思います。

　意味がすんなり分かると感じられる単語はいくつあるで
しょうか。クイズ感覚で取り組んでみて下さい。4つとも
3分ほどのニュース動画です。

Q1 US China Trade Deal - BBC News
（『米中の貿易交渉』）

① ceasefire
② reciprocal
③ subsidize
④ thorny
⑤ truce

Q2 China warned to show Taiwan respect - BBC
News
（『台湾の総統が中国に警告』）

⑥ decent
⑦ reckless
⑧ predecessor
⑨ infuriate

Q3 Ex-Nissan CEO Carlos Ghosn flees Japan – CNN
（『ゴーン氏の国外逃亡』）

⑩ baffle
⑪ custody

⑫ extradition

⑬ prosecutor

⑭ rampant

⑮ rigged

Q4 Coronavirus whistleblower doctor is online hero in China – CNN

（『コロナ告発の医師、中国でネット上のヒーローに』）

⑯ epidemiologist

⑰ death toll

⑱ detain

⑲ quarantine

⑳ whistleblower

　いかがでしたでしょうか。さっそく答え合わせに移りましょう。各単語の日本語訳は以下のようになります。

A1 『米中の貿易交渉』

① ceasefire：「停戦」（「撃ち方止め！」という号令が名詞化したもの）

② reciprocal：「相互にとって有益な、互恵的な」

③ subsidize：「資金的に援助する、補助金を出す」

④ thorny：「厄介な、大変な」

⑤ truce：「休戦」

[A2] 『台湾の総統が中国に警告』

⑥ decent：「きちんとした」

⑦ reckless：「無茶な」

⑧ predecessor：「前任者」

⑨ infuriate：「ひどく怒らせる」

[A3] 『ゴーン氏の国外逃亡』

⑩ baffle：「当惑させる」（しばしば受動態で用いられる）

⑪ custody：「拘留、親権」

⑫ extradition：「犯罪者の国外引き渡し」

⑬ prosecutor：「検察」

⑭ rampant：「はびこった」

⑮ rigged：「インチキの、仕組まれた」

[A4] 『コロナ告発の医師、ネット上でヒーローに』

⑯ epidemiologist：「疫学者」

⑰ death toll：「死亡者数」

⑱ detain：「勾留する」

⑲ quarantine：「隔離する」（40 を意味するイタリア語 quaranta から。かつて伝染病予防のために帰国船を港で 40 日間、留め置いたことに由来する）

⑳ whistleblower：「内部告発者」

これらの単語の 8 〜 9 割について、特に考えなくても意

味が分かる、普段からよく見ているという人はすでに受験レベルは超えています。新聞記事や小説、ニュースなどについても、難しいものでなければ、多読、多聴にどんどんトライしてほしいと思います。

　逆に、ほとんど分からない、あるいは、分かるものが１〜２割しかない、という人の場合、まだ興味のあるものをどんどん読んでいけばよい、とアドバイスできる段階には残念ながらありません。もう少し語彙力を高めてからのほうが、多読や多聴の効率も上がると思います。

クイズで力試し（熟語）

　続いて、単語ほどではないとはいえ、ストレスなく英文を読んだり聞いたりしていくために問題になるのが、熟語やイディオムです。

「大学受験の勉強でも熟語はたくさん覚えたぞ」と感じる人もいるかもしれませんが、率直に言って熟語集１冊程度では全く足りません。新聞やニュース、小説やエッセイでよく使われるけれども、受験勉強では必須になっていない熟語やイディオムの類というのは、100や200ではきかない数が存在するからです。試しに、上で挙げたニュースと同じ４つのニュースのうち、最初の３つからクイズになりそうな熟語を抜き出してみました。

Q5 『米中の貿易交渉』

① bear the brunt of...

Q6 『台湾の総統が中国に警告』

② hit home with...
③ bring A home to B
④ by (in) a landslide
⑤ beef up

Q7 『ゴーン氏の国外逃亡』

⑥ go on to say
⑦ on bail
⑧ as of
⑨ there is talk that...
⑩ run for

正解を見ていきましょう。以下が日本語訳です。

A5 『米中の貿易交渉』

① bear the brunt of... :「(批判などの) 矢面に立つ」

A6 『台湾が中国に警告』

② hit home with... :「…の痛いところをつく」
③ bring A home to B :「B に A を痛感させる」
④ by (in) a landslide :「(選挙などの勝利が) 大差で、
　　圧勝で」(これについては a landslide victory「大勝利、

地滑り的勝利」のような言い方もよくします）
⑤ beef up：「…を強化する」

A7 『ゴーン氏の国外逃亡』

⑥ go on to say：「続けて言う」
⑦ on bail：「保釈中の」
⑧ as of：「…の時点で」
⑨ there is talk that...：「…といううわさがある」
⑩ run for：「（選挙などに）出馬する」

　どうでしたか。やはり、難しいものが多いという印象だったのではないでしょうか。もちろん、英語学習の目的によっては、このような単語や熟語は必要ないという人もいるでしょう。しかし、英語を使って広く情報収集をしたり、娯楽を楽しんだりすることを目指すなら、無視することはできません。

　英語力の基準としてよく話題になるものに、映画やドラマのセリフを字幕なしで聞き取れるか、というものがあります。映画のセリフにもこのレベルの単語、熟語は用いられるため、好きな作品を英語で存分に楽しみたいという方にとっても、必要不可欠なレベルと言えるでしょう。

参考になる語彙力増強本
　さて、ここまで単語や熟語、イディオムなどについて、大学受験水準以上のものが必要であるということを強調してきました。とはいえ、受験参考書ではこのレベルは対象

外になるため、語彙力を強化しようと言っても、どういう単語帳を使えばよいのか、と悩む人も多いかと思います。

　後の章でも紹介していく新聞記事の多読やニュースの多聴も有効ですが、そういった実践はある程度の語彙力の改善と並行して行ったほうが効果的ですし、何より分かるという感覚が得られることで自分自身が楽しめます。

　私のオススメは、豊富なバリエーションがある英語圏の単語帳を、好みに合わせて上手に使い分けることです。以下でいくつか代表的なものをご紹介しましょう。

1. Murray Bromberg & Melvin Gordon：*1100 Words You Need to Know 6th edition*（Barron's Educational Series）
（『知っておく必要がある1100の英単語』）

　　文章を読みながら、文脈の中で使われた単語の意味を考えつつ、覚えていくタイプの語彙力増強本です。文章を読むことが好きという人や、どうせなら読解力と単語力を同時に鍛えたいという人にオススメです。

2. Mary W. Cornog：*Vocabulary Builder Newest Edition*（Webster Mass Market）
（『ボキャブラリービルダー』）

　　単語をパーツに分けて、それぞれの意味を解説しています。語源や形を知ることで、単語を覚えやすくする工夫と言えるでしょう。なるほどと納得できる発見もあり、単語の成り立ちや語源に興味のある人に向いて

います。

3. *Word Smart*（The Princeton Review）
（『ワードスマート』）

思わず苦笑してしまうようなユーモアを取り入れた内容の例文が多く、印象に残るので覚えやすい1冊。一例を挙げれば、esoteric「難解な、ごく一部の人にしか理解できない」という単語を扱った箇所では、The author's books were so esoteric that even his mother didn't buy any of them.「その著者の本は極めて難解なので母親でさえ1冊も購入しなかった」といった例文が当てられています。

日本語の説明のあるものが望ましいという場合、英検の単語対策本や、時事英文を意識して制作されたものを使ってみるのもよいかもしれません。

4.『でる順パス単（英検準1級／英検1級）』（旺文社）

英検準1級や1級対策の単語帳の定番です。大学受験用の単語帳には掲載されていないものの、新聞記事やニュース、小説やエッセイなどでそれなりに出会う英単語をカバーしているため、受験＋αの語彙力を目指す際には適しています。無料音声ダウンロード付き。

5. 谷川幹著『ニュース英語が本当に解るボキャブラリ

一（科学・社会編 / 政治・経済編）』（アルク）

メディアでよく出てくる単語、熟語がバランスよく例
文とともに掲載された単語帳です。一定数の単語を学
んだ後、ワンパラグラフ程度のニュース英文を読んで
定着度を確認できる作りになっています。英検対策の
単語帳に比べると網羅性ではやや劣りますが、文化的、
社会的背景にまで踏み込んだ説明があるのが魅力です。

————1.4————
背景知識について

侮れない背景知識

　本章の冒頭（5ページ）で、英語を読む際に前提となる
要素の1つに背景知識を挙げましたが、実際、語られてい
る事柄についてどれくらい知識があるかというのは文章の
理解度をかなり左右します。

　文法や語彙などの語学的側面ではほぼ問題がないはずの
母語であっても、全く知らないことについて書かれたもの
は理解できません。ましてや外国語では、その影響は一層
大きいものとなります。必ずしも専門的で難解な内容だか
ら理解できないわけではなく、単純にそのトピックについ
て馴染みがないから理解できないということもあります。

　試しに次の文を読んでみて下さい。

Beat 'em up (also known as brawler) is a video game

genre featuring hand-to-hand combat between the
protagonist and an improbably large number of
opponents.

"Beat 'em up" *Wikipedia*

訳 ビーテェムアップ（ブローラーとも呼ばれる）
とは主人公が信じられないくらい多くの敵との徒手空
拳の闘いを繰り広げるビデオゲームのジャンルです。

　これは "Beat 'em up" というビデオゲームのジャンル
を定義したウィキペディアの一文ですが、おそらくこの手
のゲームをやったことがない人には、日本語訳のほうを見
ても明確なイメージがつかみにくいでしょう。
　一方、ゲームに詳しい人なら、ここまで読んだ時点で
「ああ、●●とか△△のようなゲームかな」と具体例まで
浮かんでくるはずです。英文自体は複雑ではないですし、
扱っているトピックもビデオゲームという非常に具体的な
内容なので、単純に背景知識の有無（ゲームを知っている
かどうか）が大きく影響しているわけです。

背景知識を活用した学習法

　もちろん、それぞれに必要な知識については日常的にそ
の分野の情報に様々な形で触れ、学習者が各々に拡充して
いくしかないわけですが、ここでは背景知識の要素を、
日々の学習で英語を読んだり聞いたりする際にどう活かす

かということを簡単に述べておきます。

　上のゲームの例でも確認しましたが、知識が豊富なテーマについての文章は、書かれてはいない情報も補うことができるので理解が進むという側面があります。これを外国語のリーディング学習に当てはめると、語学的に多少ハードルが高い文章であっても、よく知っている分野について述べているものなら、単語や文法の不足を補いながら読めるので、ある程度チャレンジする価値があるということです。

　この方法には、とにかく言っていることの大枠が理解できるので、途中で挫折しにくいという利点があります。また、自分の知らない表現や文法について、知識で補って読み進めているうちに、辞書を使わずとも、ある程度それらの用法を体得してしまえるというのも魅力です。

　インターネットの活用

　かつては、自分がよく知っている分野について、英語で説明した文章や動画などを都合よく手に入れることは容易ではありませんでした。しかし、今はインターネットを通じて誰でも目的に沿ったメディアを活用することができます。

　具体例は第2章で詳しく扱いますが、たとえばWikipedia（ウィキペディア）でよく知っている事柄を日本語で調べてから、それの英語版の記事を読んでみるだけでもかなりのトレーニングになります。そのトピックに関連するキーワードが英語でどのように表現されているかについても多くのことを学べるでしょう。

新型コロナウイルスの蔓延のように世界で話題になっているニュースを The Japan News や The Japan Times といった日本の英字新聞のオンライン記事で読んでみる、あるいは NHK WORLD-JAPAN など、日本のことを中心に扱った英語メディアのニュースを聞いてみるといったことも非常に有益なトレーニングになるはずです。必ずしも大手メディアのものでなくとも、興味、関心のあることについて扱ったブログ記事や YouTube 動画を活用するというのでもよいと思います。

　もちろん、この方法ばかりでは読む文章の範囲も限定されますし、語学的な読解力の精度がなかなか一定以上に上がらないという問題点もあります。英語自体をどのくらい理解できているのかを精査し、その底上げをしていくことも学習の１つなので、時にはあえて詳しくない分野を扱った文章を精読してみることも必要です。

　その場合には、語学的に自分のレベルを超えているものを扱おうとすると手も足も出なくなるため、英語自体は（自分のレベルから見て）少し易しい程度のものを用いて取り組むのが効果的だと言えるでしょう。

第2章

英文に慣れる
―インターネットを活用したリーディング―

イ ンターネットで何かを検索していて、途中までは日本語のページを見ていたものの、さらに詳しい情報を調べようとすると英語のページしか出てこなくなった、という経験があるかと思います。

こんな時、面倒だなと思うかもしれませんが、英語学習の視点からすれば、実用も兼ねた英語の文章や動画を簡単に読んだり視聴したりすることができるのはありがたいことです。英語の記事や動画に触れることで、生の英語を味わいつつ、同じ話題が日本語と英語でどう伝えられているのか、違いがあるのかないのかといったことにも目を向けることができ、考えの材料を増やすこともできるでしょう。

本章では、まずはインターネットで検索している時に行きあたることの多い英語のウェブサイトについて、その活用法を具体例とともに見ていきたいと思います。

2.1
Wikipedia の記事

ネット上の巨大百科事典

おそらく誰もが一度はインターネットでたどり着いたこ

とのあるページの１つに Wikipedia があると思います。これは 2000 年代以降に広く普及したインターネット上の百科事典（encyclopedia）で、ネット上でユーザーが記事を書いたり、編集したりできるのが特徴と言えます。日本語の記事も膨大にありますが、英語の記事はその比ではありません。

　学術的に保証された百科事典ではないため、その情報を全て鵜呑みにはしないよう注意すべきですが、手始めに知らないことについての概要を知るには非常に便利なサイトです。

日本に関する記事

　具体例として、2019 年から開始された新元号の「令和」がどのように決まったかを説明している記事の一部を読んでみましょう。

1. 　新元号　令和

A shortlist of names for the new era was drawn up by a nine-member expert panel comprising seven men and two women with the cabinet selecting the final name from the shortlist.

"Reiwa" *Wikipedia*

語注

- shortlist：「候補」
- expert panel：「有識者懇談会」

• comprise：「…で構成される」

　文の構造としては、A shortlist（**S**）was drawn up（**V**）という骨格と、a nine-member expert panel comprising...「…で構成される 9 人の有識者懇談会」という、現在分詞句（comprising...）による名詞の後置修飾、そして文末の with the cabinet selecting... で用いられている with の付帯状況の構文がポイントになります。

　with の付帯状況の構文とは「with＋名詞句＋形容詞句（分詞句・前置詞句）」という形で状況や原因、結果などを表す表現法です。ここでは、the cabinet「内閣」が名詞句、selecting... が分詞句になっています。また、この with... の部分が文末にあること、および表現している内容が文の前半と比較して明らかに時間的な前後関係にあることなどから、「その後、内閣がその候補の中から最終的な新元号の名を選択した」と前から訳し下すことができると思います。

> **訳** 新元号の候補が 7 人の男性、2 人の女性から成る 9 人の有識者懇談会によって作成され、その後、内閣がその候補の中から最終的に元号となるものを選択した。

　新元号は日本にいる人のほうがむしろ詳しい話題でしょうから、英語自体に少し難しいと感じるところがあっても背景知識から内容が予測できるはずです。

海外に関する記事

　では、次のものはどうでしょうか。2019 年から 2020 年
にかけて話題を呼んだ、アメリカのトランプ前大統領の弾
劾裁判のきっかけになった事件についてです。

2. ┌─────────────────────────────────┐
　　│ トランプとウクライナのスキャンダル │
　　└─────────────────────────────────┘

┌──┐
│ ₁The scandal reached public attention in mid-September │
│ 2019 due to a whistleblower complaint made in August │
│ 2019. ₂The complaint raised concerns about Trump │
│ using presidential powers to solicit foreign electoral │
│ intervention in the 2020 U.S. presidential election. ₃The │
│ Trump White House has corroborated several allegations │
│ raised by the whistleblower. │
│ │
│   "Trump-Ukraine scandal" *Wikipedia* │
└──┘

┌─────┐
│ 語注 │
└─────┘
- **whistleblower complaint**：「内部告発」（whistleblower
  は第 1 章の 20、21 ページでも挙げたものです）
- **solicit**：「要求する、求める」
- **electoral intervention**：「選挙への介入」
- **corroborate**：「実証する、確証する」
- **allegation**：「申し立て、訴え」

　第 1 文は構造的に難しいところはあまりないと思います。
　第 2 文では concerns about に続く目的語に当たる部分
で、Trump using presidential powers to... が意味上の主語

34

（Trump）を伴う動名詞の構文になっていること、その後に続く to不定詞 が結果の用法であることをつかみ、「トランプが大統領の権限を使って…したこと」という解釈ができるかどうかがポイントになりますね。

　第 3 文も最後の raised by the whistleblower が allegations を後置修飾していることくらいで、構造は難しくありません。

　一方、単語レベルでは前章で話題にしたような＋αのレベルのものが多く、さらにアメリカの時事問題なので、あまりフォローしていないという人には取っつきにくい感じがしたかもしれません。

> 訳 　この事件は 2019 年 8 月の何者かによる内部告発によって 2019 年 9 月の中頃に広く注目を浴びることとなった。この告発により、トランプが大統領権限を使って 2020 年の大統領選挙に対する海外からの干渉を呼び掛けているのではないかという懸念が高まった。ホワイトハウスも告発者による訴えのいくつかについては認める立場を取っている。

専門的なトピック

　Wikipedia が扱う領域は本当に幅広く、また専門的な内容にも及んでいます。次の英文は、人類学（anthropology）の説明をしている記事の一部で、考古学（archaeology）との関係について述べているところです。

35

3. 考古学と人類学の関係性

Archaeology, which studies human activity through investigation of physical evidence, is thought of as a branch of anthropology in the United States and Canada, while in Europe, it is viewed as a discipline in its own right or grouped under other related disciplines, such as history.

"Anthropology" *Wikipedia*

語注

- be thought of (viewed) as... :「…と見なされている」
- branch :「部門」
- in its own right :「それ自身の、独自の」
- be grouped under ... :「…の一部だと分類される」
- discipline :「分野」

　少し長い一文ですが、単語は一般性の高いものが多く、大学受験問題でよく取り上げられるような評論タイプの英語を読み慣れている人には易しく感じられるかもしれません。

　接続詞の while が前半と後半を対比的に結びつける等位接続詞のような役割を果たしています。何かを比較対照したり、対比させたりする場合には、どこに対比や比較のポイントがあるのかをしっかりと見極めることが重要です。

　この文の場合、前半、後半のどちらも主語は考古学（archaeology / it）であり、また、述語動詞の部分でも be

36

thought of as... と be viewed as... という意味的に非常に類似したものが使われているので、対比のポイントが明確になるのは、as 以下の部分だということが分かります。それぞれ、アメリカとヨーロッパでの考古学に対する見方が表現されている形です。

> **訳** 考古学は物理的な証拠を調査することで人間の活動を研究する学問であるが、アメリカやカナダでは人類学の一部門だと見なされている。一方、ヨーロッパでは独自の分野として見なされるか、さもなくば歴史学のような他の関連分野に含まれるものとして分類される。

さて、本節ではここまで Wikipedia の記事を素材にしてきました。最後に Wikipedia を使用する際の工夫について少しまとめておきましょう。

使用上の注意点

Wikipedia の強みは、何と言ってもカバーしている範囲の大きさ、記事の多さであり、中でも最大とされる英語版には 600 万以上の記事があります。

一方、2.1 節の冒頭（32 ページ）でも述べたとおり、学術的に保証された事典ではないため、厳密さを求める場合には注意が必要です。典拠となっている参考文献を示している記事も多いため、正確を期したい際にはそれらの文献に直接あたるほうが確実なのは間違いありません。

長大な記事の利用法

　Wikipedia には長文の記事も多いですが、大半のものには、以下に示すように目次（Contents）が付いています。

　目次の各項目にはリンクが張られていて、クリックすればそれぞれの説明の箇所まで飛べるようになっています。導入部を確認しつつ、残りは特に知りたい情報、興味関心がある情報に的を絞って読むことも可能です。あくまで百科事典ですので、紙の事典と同様、必要な情報が記載されている部分を参照するという考え方でよいでしょう。

［英語版 Wikipediaの「読売新聞」のページ］

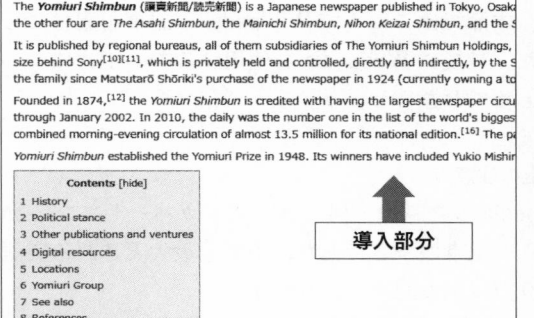

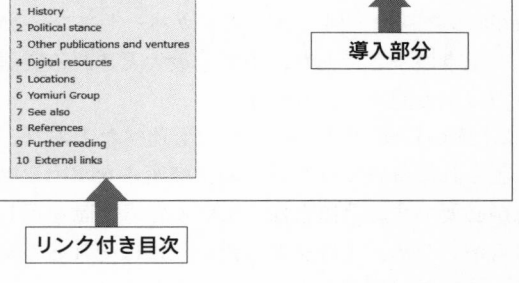

2.2
英文多聴の方法

読むから聞くへ

　インターネットの普及で広まったのは英語の記事だけではありません。現在では、YouTube などに代表される動画サイトで英語の音声を聞いたり、動画を視聴したりすることも容易になっています。

　これまでの勉強であまり音声素材に取り組まなかったのでリスニングに自信がないという人であっても、もし英語力を高めたいという気持ちがあるなら、利用しない手はありません。本節では、インターネット上にあふれる動画をどのように英語学習に活かせばよいのか、その方法を少し紹介してみたいと思います。

ネット上の素材を使ったリスニングの注意点

　ネット上の動画や音声を利用した英文多聴を行っていく上で、注意しておくべきことが3つほどあります。

　まず1つ言えるのは、いわゆる教科書的な英文を用いて勉強をしてきた人にとって、一番入っていきやすいのは、硬めの講演や講義、あるいはニュースの動画だということです。

　講演やニュースなんて日本語でも堅苦しい、映画とか洋楽で楽しみながらリスニング力を鍛えられれば、と思う人もいるでしょう。しかし、外国語学習の観点から言うと、娯楽作品はイディオムの多用やカジュアルな発音などで上級者でも難しく感じることがあります。一方、講演やニュ

ースでは聴衆に内容がしっかりと伝わるように、できるだけ一般的な、誰にでも理解できる言葉を使って、明確な発音を心がけて話しています。そのため、リスニングが得意でないという人にとっても入っていきやすいのです。

2つ目の点は、1.4節（27〜30ページ）で確認したとおり、背景知識に通じているものを積極的に聞く、ということです。前節で2つの英文を読み比べた際（32、34ページ）に感じた人も多いと思いますが、やはりよく知っている事柄のほうが圧倒的に内容を推測しやすいです。

その意味では、最初からCNNやBBCなどのウェブサイトにアクセスしてニュースを聞こうとするより、日本のことを多く取り上げているNHK WORLD-JAPANやNippon TV NEWS 24 JAPANを活用したり、場合によっては、テレビのNHKチャンネルでやっているニュース（ニュース7やニュースウォッチ9など）を副音声にして聞いたりすることから始めてもよいかもしれません。

さらに3つ目として、第1章の冒頭でも確認したとおり、リスニングにも読解力（リーディング）の基礎は大変役立つということ、裏返せばリーディング力がある程度ないと、リスニング力も伸びていかないということは、どれだけ強調してもし足りません。

あえて厳しく言えば、リーディングに比べてリスニングがからっきしという人は、読むスピードが足りていないケースがほとんどです。1.1節（4ページ）でも触れましたが、明確に発音することが義務付けられているニュースでも、キャスターは1分間に150語以上のスピードで話しています。端的に言って、英語の文章を1分間に少なくとも150

語のスピードで読むことができなければ、話している英語の音声の意味が読み取れないということです。

　たとえば、前節で扱ったトランプ前大統領についての文章（34ページ）は約50語なので、20秒程度で読んで意味が理解できる、というスピード感が必要です。もしそのスピードでの読解ができるようになれば、リスニングの感触もかなり違ってくると思います。

　英語力向上に役立つニュースサイト

　ニュースを英語で聞くことの情報面でのメリットとして、英語圏はもちろんのこと、英語圏以外の諸外国のニュースも英語で発信されているということがあります。日本にもNHK WORLD-JAPAN のような国際発信目的のニュースチャンネルがあるように、各国にその国独自の英語メディアが存在します。

　各国で最も話題になっていることを知ったり、同じ話題に対する切り込み方の違いを分析したりできるのも醍醐味の1つです。インターネット上に公式のサイトがあるもので、CNN や BBC など誰もが聞いたことがある英語圏メディア以外の英語ニュースサイトを、いくつか紹介しておきます。

［インターネット上で視聴できるニュースメディア］

ニュースの名前	説明
ABC News（Australia）（ABC ニュース）	オーストラリアの英語ニュースメディア
Al Jazeera English（アルジャジーラ英語版）	カタールに本部を置く、中東の英語メディア

Arirang News （アリランニュース）	ソウルに基盤を置く韓国の英語ニュースメディア
Bloomberg News （ブルームバーグニュース）	アメリカ、ニューヨークのニュースメディア
CNA （旧チャンネル・ニュースアジア）	シンガポールの英語ニュースメディア
DW News （ドイチェ・ヴェレニュース）	ドイツのドイチェ・ヴェレが運営する英語ニュース

　もちろん、英語ニュースのメディアですから、キャスターは流暢な英語を話していますが、発音やアクセントにはやはり地域による癖が見られます。英語を使って何かをする相手が英米人であることが当たり前ではなくなり、世界の英語（World Englishes）という概念が唱えられて久しい昨今、いろいろな国の英語メディアに日頃から触れておくことは、国際語としての英語を理解する上でも有益だと思われます。

　いきなり各国に固有のニュースを聞くと先述したように背景知識の問題で苦戦すると思われますので、最初はすでに世界的に話題になっているニュースなどを選び、各メディアの視点の違いなどを楽しむのが、より効果的でしょう。

ニュースの英語に挑戦

　メディアの活用法を説明するだけではイメージが湧きにくい部分もあると思いますので、実際に具体的なニュースの書き起こしを挙げてみます。2.1節（32〜33ページ）でも扱った令和の元号に関するもので、特派員が令和という言葉の意味とそこに込められた内容を説明しています。

なお、この英文は約 120 語から成っており、実際のニュースではおおよそ 45 秒で発せられたものです。

- 元号令和の由来

₁I would give a little bit of a background to the name. ₂The two characters that are used in it, read kind of literally, would mean something like decreeing harmony or ordering peace. ₃Abe gave a little bit of different explanation. ₄The characters are selected from the oldest known Japanese book of poetry called Manyoshu from about the 8th century, I believe. ₅In that, it's taken from a stanza that describes the soft winds of spring blowing after the harsh winds of winter and how the blossoms of the flowers are able to bloom after that. ₆And Abe expressed his hope that all of Japanese citizens will be able to bloom as well in this new generation.

"Reiwa Is Japan's New Imperial Era Name" Bloomberg Politics

語注

- **the two characters** :「「令」と「和」の 2 文字」
- **kind of** :「少し、ある程度」
- **decree** :「命令する」
- **a stanza** :「文節」
- **harsh winds** :「厳しい風」
- **blossoms** :「開花」

さて、第2文から少し難しいですね。コンマ（,）で挟まれている部分は挿入句ですので、一度カッコに入れて考えてみると、The two characters（**S**）would mean（**V**）...という文の骨格はすぐに見えると思います。

　厄介なのは挿入句の部分で、read kind of literally が分詞構文の being が省略された形だとすぐに分かったかどうか。分詞構文は文脈に応じて様々な副詞節に近い意味を表現することができるものなので、ここは if they were read kind of literally「文字に沿って解釈されるなら」と仮定法の条件節に置き換えてもよいでしょう。

　つまり、「令和」という言葉を文字通りに解釈すればどういう意味になるかを、ここでは説明しています。仮定法が用いられているのは、後の説明にあるように、その解釈が本来意図されたものとは少し異なるというニュアンスを込めているからでしょう。

　第5文は a stanza を修飾する関係代名詞節の that 節の中の構造に注意が必要で、describes「描写する」の目的語に当たるものが2つあり、それが the soft winds... and how the blossoms... のように and で結ばれた形になっています。2つ目の要素である how 節は that 節に近い用法で、「どのように…するか」という本来の意味よりは、むしろ「…である様子、…すること」というくらいのニュアンスを表しています。

　訳　少しこの名称の背景を説明しましょう。使用されている2つの漢字は、字義に沿って解釈すれば、「調和を言いわたすこと」、あるいは「平和を命じるこ

と」くらいの意味になるでしょう。安倍首相は少し違う説明の仕方をしました。これらの文字は万葉集と呼ばれる 8 世紀頃の日本最古の和歌集から採られたものということです。厳しい冬の寒さの後に春の訪れを告げ、花が見事に咲き誇る様子を綴った文節に由来するようです。安倍首相は同様に日本人皆がこの新しい時代に花開くことができるようにとの希望を口にしました。

　この例からも分かるかと思いますが、こういうテーマのものであれば、英語が多少難しくても背景知識で補うことができますし、たとえば安倍前首相が実際にどういう説明をしたのかという疑問が生まれても、調べれば簡単に日本語で確認できるので独習しやすい、というところが利点になると思います。

YouTube や TED talks の活用

　上で紹介したニュースの公式サイト自体は見たことがないが、YouTube 上などで名前を目にしたことがある、という人もいるかもしれません。いま、多くのメディアはYouTube のチャンネルを持っていて、必ずしも公式サイトに行かずとも YouTube 上でニュースを見ることができます。

　さらに、YouTube 独自の強みとして、ニュース動画に加えてインタビューや演説、講演などの動画が数多く登録されているという点が挙げられます。日常的に世間をにぎわせている各国の政治家や実業家はもちろん、情報誌やニ

ュースなどで名前を見聞きする諸外国の人物の多くが、YouTube 上で何らかのインタビューに答えていたり、スピーチを公開していたりすることは、とても大きなことだと思います。

　近年話題の人々を例に挙げると、ビッグテックなどと呼ばれる IT 大企業群の実業家、マーク・ザッカーバーグやジェフ・ベゾス、『21 世紀の資本』で話題になった経済学者トマ・ピケティや『サピエンス全史』以降、精力的に作品を発表し人類の行く末に警鐘を鳴らす歴史家ユヴァル・ノア・ハラリ、2017 年にノーベル文学賞を受賞して一層注目されることになったカズオ・イシグロなど、数多くの著名人の講演やインタビュー動画がアップロードされています。

　ご存じのとおり、人気映画やドラマなどの予告編（英語では trailer, teaser などと言います）も数えきれないほど登録されていますので、映画やドラマなどに関心がある人は、それらをニュースや講演、インタビューなどの多聴の合間に挟むこともできます。

　また、YouTube の動画には、自動字幕起こし機能で英語字幕を作れるものが多くあります。完璧とは言えないものの、なかなかの精度なので、どうしても聞き取れないところは英語字幕をヒントにしてみてもよいでしょう。

　YouTube 上に限っても、かなり専門性の高い動画がありますが、さらにアカデミックなもの、大学の講義に近いようなものを聞いてみたいという人には、各分野で活躍する専門家の講義やプレゼンテーションを聞くことのできる TED talks というサイトをお薦めします。

このサイトは数分から数十分に及ぶ講義、講演の動画を無料で公開しており、英語字幕を付けられるのはもちろんのこと、ものによっては日本語字幕も用意されています。2010 年に NHK で放送され話題を呼んだ、マイケル・サンデル教授の『ハーバード白熱教室』のような講義の動画を、様々な分野から選んで見ることができるサービスだと考えてもらうとよいかもしれません。

オススメの TED talks

下にオススメする TED talks の講演をいくつか紹介しておきます。ただし、ベストセラーの著者など一般の読者の方にも広く知られているスピーカーのものを優先的に選んでいますので、英語そのものについてはやや癖があるものも含まれています。

1. Michael Sandel "What's the right thing to do?"
   マイケル・サンデル「正しい行いとは何か?」(約 50 分・日本語字幕なし)

上で挙げたマイケル・サンデル教授の講演です。難解な問いについて大変分かりやすい言葉で説明しており、また、英語も明快な語り口調でかなり聞き取りやすい部類に入ると思います。50 分とやや長めではありますが、ベストセラーともなった同教授の『これからの「正義」の話をしよう』(早川書房)などを読んだことがある人は、入っていきやすいのではないでしょうか。なお、2020 年にも社会問題を扱った新しいサンデル

教授の講義 "The tyranny of merit"「能力主義の横暴」
が公開されています。こちらは9分弱と比較的短いの
で、さらに取り組みやすいかもしれません。

2. Hans and Ola Rosling "How not to be ignorant about
the world"
ハンス＆オーラ・ロスリング「世界について無知にな
らないために」（約19分・日本語字幕あり）

ベストセラーとなった『ファクトフルネス』（日経
BP）の著者による講演。お読みになった方は分かる
と思いますが、おなじみのチンパンジークイズから始
まり、いかに世界の実情を私たちが誤って捉えている
か、誤りを避けるにはどうすればよいかということを
論じていきます。

3. Thomas Piketty "New thoughts on capital in the
twenty-first century"
トマ・ピケティ「21世紀の資本論についての新たな
考察」（約20分・日本語字幕あり）

2014年に『21世紀の資本』（みすず書房）で大きな話
題を呼んだフランスの経済学者トマ・ピケティによる
講演です。テーマ的には本の内容と大きく重なるもの
で特別難しいということはないですが、英語にかなり
のフランス語風訛りがあるため、上級者向けかもしれ
ません。

4. Yuval Noah Harari "What explains the rise of humans?"

ユヴァル・ノア・ハラリ「人類の台頭はいかにして起こったか」（約 17 分・日本語字幕あり）

『サピエンス全史』（河出書房新社）を皮切りにヒット作を続けて出しているイスラエルの歴史学者、ユヴァル・ノア・ハラリの講演。『サピエンス全史』の内容の一部と重なるもので、人類がこの地球上で台頭するに至った要因を説明しています。

5. Steven Pinker "Is the world getting better or worse? A look at the numbers"

スティーブン・ピンカー「データで見ると、世界は良くなっているのか、悪くなっているのか?」（約 18 分・日本語字幕あり）

数十年にわたって、言語学、心理学、人類史などに関連するポピュラーサイエンスの著作を数多く発表しているアメリカの心理学者、スティーブン・ピンカーの講演。最近の彼の著作ではおなじみですが、人類の状況が歴史的に見て大きく改善してきているということを、データを使って示す内容になっています。

TED の動画はそれなりに長い講演が多いですから、最初はそのボリュームに圧倒されるかもしれません。しかし、その分、学べることは多いです。興味があるものを次々に

視聴してみるのもよいですが、特に気に入ったものを見つけて、言葉を覚えてしまうくらい繰り返し見るのも効果的だと思います。

2.3
インターネットのさらなる活用法

俗語や新語に強い Urban Dictionary

前節まででは、インターネット上にある英文記事や英語の動画などを活用する方法について紹介してきました。さらに本節では、記事や動画、音声などを教材として用いる以外に、英語学習に有益なインターネットの活用法を紹介しておきたいと思います。

英語の記事を読んだり、動画を見たりしていて、手元の辞書を調べても納得できる意味が掲載されていないような単語や表現が出てきた場合、なかなか厄介です。それはひょっとするとまだ一般の辞書には掲載されていない俗語の類かもしれません。

1つの方法としては、俗語を集めたインターネット辞典である Urban Dictionary を使うというものがあります。この辞典の定義はユーモアや皮肉がきいており、ジョークに偏っていて鵜呑みにできないものも多いですが、ヒントを得るのには有効です。新型コロナウイルスの感染拡大に際し、感染対策を無視した行動を取る人のことを指すものとして使用されるようになった covidiot のような新語も、いち早く掲載していました。

語源が分かる Online Etymology Dictionary

　独学を進めていくと、新しく覚えた単語の成り立ちや起源などについて知りたくなることもあるでしょう。たとえば2.1 節（35 ～ 37 ページ）で出てきた anthropology や archaeology について、両者が似ているのはどうしてだろう、と興味を持つようなことも考えられます。

　そういう時に心強い味方となってくれるのが、Online Etymology Dictionary です。このサイトは文字通りオンライン上の語源辞典で、英単語の起源や成り立ちをパーツに分けて説明してくれています。たとえば、anthropology を調べると、anthropo- と -logy という 2 つのパーツから成り立っていることが分かり、さらにそれぞれのパーツのリンク先を確認すると、前者がギリシャ語の「人間」を表す言葉に、後者がやはりギリシャ語の「言語、学問」を表す言葉に由来していることが分かります。「人間＋学問」で「人類学（人間学）」というわけです。

　マニアックな知識だと感じるかもしれませんが、たとえば philanthropy「博愛、人類愛」や anthropomorphism「擬人化」といった新聞や雑誌の記事でも使われる単語について、anthropo- が「人間」を表すことを知っていれば、記憶への定着度は全く異なります。

Google 検索を発信に活用する

　本書のメインテーマである読解やその延長線上にあるリスニングからは少し離れますが、E メールなどで英語を書かなくてはならない際にも、インターネットを活用することで英文の質を高める方法があります。

文法的には間違っていない自信はあるが、実際にそのような言い方をするのか、自然な言い方なのかどうかが判断できないというのが、英語で何かを表現する際に中級者が抱えがちな悩みです。

　こんな時、手軽にその言い回しがあるのかどうかを確認する手段として「Google 検索にその言い回しを引用符で囲って入れてみる」という方法があります。そうすると、引用符で囲った複数の単語がその語順のとおりに用いられているものが検索対象となるため、その表現がよく使われるものならば、相応に多数の検索結果がヒットします。上位に出てきたものを確認すれば、どういう言い回しとともに、どういう文脈で使われているかの勉強にもなるでしょう。

　逆に、ヒットしたものがあっても、絶対数が明らかに見劣りする場合は、自然な表現ではない可能性が高いです。たとえば、come true「（夢などが）実現する」という表現と、使役動詞の make... ～「…に～させる」という文法事項の知識がある人が、「彼の夢を実現させる」という意味で両者を組み合わせて、make his dreams come true というように表すのが自然なのかどうかを知りたいと思った場合、次の図のように、この文字列に引用符を付けた "make his dreams come true" というワードを、Google 検索にかけてみる方法があります。

［引用符を使った Google検索（2020年 7 月 29 日検索実施）］

　そうすれば、そのままの言い回しが約13万件ヒットするため、一定の頻度で使われていることが分かります。また、使用法についての情報も得られます。

　同じような言い方で、dreams とは異なる単語、目的（purpose）や願望（wish）などを使うことができるのかを知りたいと思った場合は、この語の組み合わせのうち、一部を変数として検索する方法があります。そのやり方は、変化してもよい部分に アステリスク（*）を入れ、"make his * come true" として検索する、という方法です。こうすると、make / his / come / true はそのまま、* の部分に様々な語句が入った文字列がヒットします。

［アステリスクを用いた Google検索（2020年 7月29日検索実施）］

文法的には正しいはずだが、よく使われる表現なのかどうか自信が持てない、というような場合にはかなりのサポートになると思います。

　以上の２つを使うだけでも英文を書く際の悩みにかなり有効だと思いますが、より厳密に知りたい時、古いサイトや英語の信頼性に疑問があるサイトばかり引っかかってしまう、といったことが問題になることもあるでしょう。その際に有効な検索の方法にも触れておきます。

最近の用例をチェックする

　古いサイトがヒットしないように、公開された時期を指定して検索をかけることができます。ツールバーの「時間」のところを any time（指定なし）ではなく、past hour（過去１時間）、past week（過去１週間）、past month（過去１か月間）、past year（過去１年間）などに変更するというやり方です。

　単に古いサイトを除外する目的なら past year、最近起きた出来事に関する用法などをチェックしたい時には past week や past month など、必要に応じて対象となる期間を使い分けるとよいでしょう。設定は右の図のように行います。

[Toolsで時間枠を設定(Past month)]

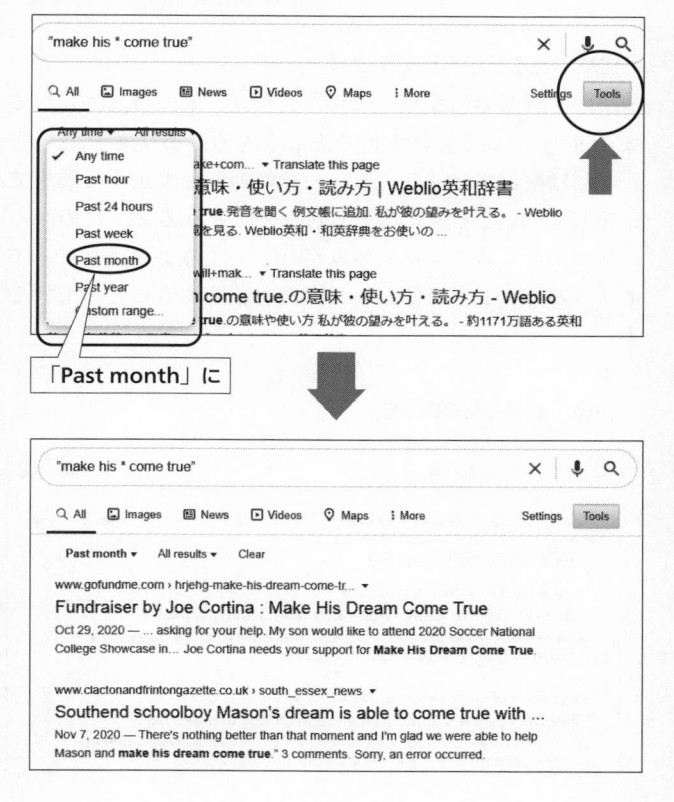

「Past month」に

こうすることで、指定された時間枠に更新されたウェブページのみがヒットするようになります。上の "make * come true" の例で見ても、時間枠が「Any time」になっている時には英和辞書のようなものが冒頭に出てきていましたが、「Past month」に限定すると、最近実際に使われ

た例がヒットしていることが見て取れると思います。

信頼できるサイトに限定する

　次に、英語の信頼性についてですが、1つの方法としては「site:」という機能を使うというものがあります。

　これは検索でヒットするページの範囲を限定する機能で、「site:UK」などを検索の文字列の後に入れると、次の図のようにイギリスのサイトのみがヒットするようになり、イギリスのネット上で使われた実例を確認することができます。

［site: ...を使った範囲指定］

さらに細かく検索範囲を指定することも可能で、たとえば新型コロナウイルスについて述べた内容を The Japan News の記事だけから検索したいような場合、「site:」の後ろにウェブページのアドレスを付け、「coronavirus　site：https://the-japan-news.com」という文字列で検索すること

で、それが可能になります。検索する対象の総数は限定されてしまいますが、その分、的を絞った情報を得ることができます。

［site: ...を使った範囲指定］

以上、ここで紹介した方法を使い分けるだけでも、意味が通らない表現や不自然な言い回しを使用してしまうことは減らせるはずですが、Google などを使ってライティングの精度を上げる方法をさらに詳細に知りたいという方には、衣笠忠司著『Google 検索による英語語法学習・研究法』（開拓社）をオススメします。この本では検索ツールに加えて、BNC や COCA などの代表的なオンラインコーパス（実際の使用例を集めたオンライン上のデータベース）の使い方にも触れているため、さらに厳密に語法などについて学びたいという人にも有益だと思います。

——— 2.4 ———
インターネット以外のメディアの活用

比較的入手しやすい英字媒体

さて、ここまで本章では英文に慣れるというコンセプトで、主にインターネットの活用法を見てきましたが、もちろん、英語を読む際に使用できるメディアはネットの他にもたくさん存在します。

第3章で扱う時事英文の代表格である英字新聞は、鉄道駅の売店でも入手可能ですし、第4〜5章のメインテーマとなっている洋書の類も、大都会でなければ購入が難しかったころとは違い、ネット書店を通して手軽に取り寄せることができるようになっています。

ここではそのうち、比較的入手しやすく、英語に慣れるという観点から有効と思われるものをいくつか紹介したいと思います。

オススメの英字新聞

まずは英字新聞です。インターネット上には世界各国のものがあふれており、電子版で購読することもできますが、ここでは紙面で手に入りやすい代表的なものを紹介します。

1. *The Japan News*（ジャパン・ニューズ）

　　読売新聞の英語版として発行されていたデイリー・ヨミウリの後継紙で、比較的多くの鉄道駅の売店やコンビニエンスストアに置かれています。英字新聞の中で

58

は英語は読みやすい部類に入ります。米紙ワシント
ン・ポストや英紙ザ・タイムズなどとも提携しており、
海外紙の記事も読むことができます。

2. *The Japan Times*（ジャパンタイムズ）

日本人による初の英字新聞として知られ、鉄道駅の売
店で購入できます。現在は米紙のニューヨーク・タイ
ムズの国際版であるインターナショナル・ニューヨー
ク・タイムズと業務提携しており、日刊紙はジャパ
ン・タイムズ／ニューヨーク・タイムズという2部構
成になっています。セットになっているニューヨー
ク・タイムズの記事にはかなり骨のあるものも含まれ
ており、上級者向けと言えます。

3. *The Japan Times Alpha*（ジャパン・タイムズ・アルファ）

学習者向けの英字新聞ジャパン・タイムズ ST の後継
紙です。難しい語句には注釈があり、記事も通常の英
字新聞より短めのものが多いため、読むことに少し苦
手意識があるという人でも入っていきやすいでしょう。
ジャパン・ニューズやジャパンタイムズが難しいと感
じた人はまずはこちらを試してみるのもよいかもしれ
ません。

オススメの洋書
続いて洋書です。英語の本をスラスラと読むことに憧れ

る人は多いかもしれませんが、読みやすそうなものとして思い浮かべがちなベストセラー小説や児童小説は、実は結構な難物で、1.3節で説明した英検準1〜1級レベルの単語力がないと歯が立たないものも多いです。

　ここでは単語力に自信があまりない人でも取り組めるものとして、NHK出版から出ている3冊を紹介したいと思います。

　1. Kay Hetherly : *American Pie*（NHK Publishing）
　　（『アメリカン・パイ』）

　　米国生まれで『NHKラジオ英会話』のレギュラーゲストも務めていたケイ・ヘザリ氏によるショート・エッセイ集。易しいけれど重要表現満載の英語の文体と、日米の日常をネタにしたちょっといい話が読めるのが特徴のオススメの1冊です。

　2. Kate Elwood : *Takes and Mistakes*（NHK Publishing）
　　（『テイクス・アンド・ミステイクス』）

　　やはり米国生まれで現在早稲田大学教授を務めているケイト・エルウッド氏のエッセイ集です。NHKラジオ「新基礎英語3」の企画をまとめたもので、日米の文化比較がテーマになっています。

　3. Colin Joyce : *How to Japan*（NHK Publishing）
　　（『「ニッポン社会」入門』）

ベストセラー『「ニッポン社会」入門』の英語版です。英日比較をテーマにしたエッセイ集で、英紙記者の東京特派員だったコリン・ジョイス氏が生活を通して見えてきた日本の姿をユーモアたっぷりに描いています。単語レベルはそこまで高くありませんが、しっかりした文体で書かれており、読み応えがあると思います。

時事英文を読む
―新聞、ニュースに挑戦―

さ て、第2章までは学習のポイントなども踏まえながら基本事項を確認してきましたが、ここからは本格的に英文の読解に取り組んでいきましょう。

本章では、比較的イメージが湧きやすい新聞記事を中心とした時事英文を扱います。時事英文とは言っても英語のルールに則って書かれたものには違いないので、きちんとした語学力や適切な背景知識があれば読み解くことができますが、同時にジャーナリズムの文章に特有の文体や表現法があることも事実です。

本章ではこれらの点にも留意しつつ、具体的に記事を読み解く練習をしていきたいと思います。

3.1
時事英文はこう読む（1）― 短文編

見出しの読み方

さて、時事英文の代表格である新聞記事や雑誌記事を読もうという時、まず、思い浮かぶのは記事の見出しではないかと思います。

日本語で新聞を読む際も、見出しを見て特に興味のある

ものを選別するという人が多いのではないでしょうか。英語の新聞を読む場合も同様で、見出しは記事の入り口として重要な役割を担っています。

　しかし、語学的側面から言うと、見出しに使われる表現には一筋縄ではいかないところがあります。英字新聞に挑戦しようとはしてみたものの、見出しから何を言っているか分からず、挫折を味わったという人もひょっとしたらいるかもしれません。

　実は、記事の見出しというのは headlinese（見出し言語）と呼ばれる特殊な文法を用いた言葉で書かれています。その特徴は以下のようなものです。

- 文法関係を表す言葉（冠詞、be 動詞、前置詞、接続詞など機能語と呼ばれるもの）をできるかぎり省略し、内容を表す言葉（名詞、動詞、形容詞、副詞など内容語と呼ばれるもの）だけで表現する。

- 時制は基本的に現在時制を用いるため、過去のことも現在時制で表現する。

- 通常は前置詞を使って組み立てるような名詞句も単純に名詞を重ねて表現することがある。

　そのため、見出しの言葉は通常の英語の文法では説明できないような構造になっていることが多く、特に英字新聞を読み始めたくらいの中級者にとっては、記事の本文そのものより難しかったりします。実例を見てみましょう。

① Funds linked to casino resorts 'illegally brought to Japan'

(The Japan News, 2019/12/18)

② Later retirement age eyed for govt workers

(The Japan News, 2019/12/27)

③ Govt to push use of tablets for e-voting

(The Japan News, 2020/1/14)

④ Engineers vie to revolutionize aviation in U.S. competition for next-generation aircraft

(The Japan News, 2020/2/5)

　まずは①の例からです。普通の英語の読み方であれば、Funds の後に linked to... と続いた時点で、過去分詞句が Funds を修飾している形だとみなすことができ、その後に述語動詞が出てくるはずだと考えて読めばよいのですが、be 動詞の省略が一般的である見出し文では linked の前の are が省略されている可能性も出てきます。

　この文の場合、illegally brought to Japan のところも過去分詞句になっているので、パッと見では are linked と are brought の両方の可能性があり、どちらが述語動詞なのか判別が付きにくいという問題点があります。

　結論から言うと、この場合は linked が過去分詞で Funds を修飾し、brought の前の are が省略されている形

で、全体の訳は「カジノリゾートに関わる資金が違法に国内に持ち込まれる」といったものになります。

②はどうでしょうか。形から eyed が動詞だろうというのは推測しやすいですが、「later retirement age が eye した」では意味が通らないので、ここも eyed の前に is を補って、「国家公務員の定年延長が計画されている」と訳さなくてはならないところです。また、eye「計画する」や govt（=government）といった語に見られるように、文字数の少ない単語や略語が頻繁に使用されるというのも見出し文の特徴です（特に好んで使用される動詞については右のリストを参照）。

③では、②で出てきた govt が再び登場している点に加え、to push のところがポイントになります。ここも「予定」や「未来」を表す be to 不定詞 から be が省略されたもので、「…する予定である、方針である」という意味になります。見出しではこのように「主語（S）+ to 不定詞 」の形で今後の予定や方針を表現するものが非常に多く見られます。訳は「政府が電子投票のためタブレット端末の使用を促す方針」といった感じになるでしょう。

④のポイントは述語動詞の vie「競う」で、②の eye と同様、時事英文でよく見られるものです。特に vie with...「…と競い合う」、vie for...「…をめぐって競い合う」といったコロケーション（語のつながり）は要注意です。なお、ここでの next-generation aircraft とは飛行機ではなく「空とぶクルマ」のことを指していますが、英語の解釈としては「アメリカの次世代航空機の大会で技術者た

66

ちが航空移動に革命を起こそうと競い合う」という意味だ
と理解できていれば問題ありません。

［見出しでよく使用される動詞］

見出しの頻出語	意味	一般的な単語
aid	援助する	assist
air	放送する	broadcast
ban	禁止する	prohibit
bar	妨害する	prevent
bid	命令する	command
curb	抑制する	restrain
dip	減少する	decrease
eye	検討する	consider
grill	尋問する	interrogate
hail	賞賛する	acclaim
halt	中断する	suspend
hike	増大する	increase
ire	怒らせる	provoke
jolt	揺れ動く	tremble
log	記録する	record
mull	考慮する	contemplate
oust	追放する	overthrow
pry	調査する	investigate
quiz	尋問する	interrogate
rule	支配する	dominate
sag	低下する	decrease
shun	回避する	avoid
tap	利用する	exploit
veto	拒否する	refuse
vie	競い合う	compete
voice	表明する	declare

ネイティブでも迷う見出し

　見出し1つとってもこんなに大変なのか、と驚いた人もいるかもしれませんが、あまり不安になりすぎる必要はありません。見出し文は省略などの特殊な用法が多く、曖昧さが生じるために母語話者の間でも誤読しやすいものとして、よく取り上げられています。

　かつてニューヨーク・タイムズの言葉に関するコラムで、ベン・ジマー氏が誤読を引き起こしやすい英語の見出し文を表す名称として、Crash Blossoms というものを紹介したことがあります。

　この名称は "Violinist Linked to JAL Crash Blossoms"「日本航空墜落事故と関わりのあるバイオリニストが躍進」という見出しを読んだアメリカ人編集者が Violinist (is) linked と読んでしまい、Violinist (Linked to JAL Crash) (S) Blossoms (V) という正しい文法解析が出来なかったために、「Crash Blossoms とは一体何だ？」と思ってしまったという逸話に由来します。

　実際、見出し文の中にはよほど考えないと正しい解釈が出てこないようなものもあります。次の英文は、当時、世界最高齢だった大川ミサヲさんについて紹介した記事の見出しです。何を言っているか分かるでしょうか。

World's Oldest Woman Just Pleased Every Other Human On Earth When She Was Born Now Dead

(The Onion, 2012/8/14)

　種明かしをすると、

World's Oldest Woman <u>is</u> Just Pleased（that）Every
Other Human（who was）On Earth When She Was Born
<u>is</u> Now Dead

　ということであり、「世界最高齢の女性が、自分が生ま
れた時に地球上にいた人はもう皆、亡くなっているという
ことに満足している」という意味になります。be 動詞の
省略によって文法上は様々な解釈の可能性が生じてしまう
ため、母語話者でも「???」となることが多いようです。
　これは極端な例ですが、見出しはこのように曖昧なもの
なので、仮に即座に意味が分からなかったり、記事を読む
中で解釈を間違えていることに気づいたりすることがあっ
ても、母語話者でも読み違えるのだから、と気を落とさな
いようにしましょう。

時事英文を読むための 5 つの法則
　さて、ここからは本文を扱っていきたいと思います。見
出しとは異なり、本文には通常の文法から大きく逸脱した
ものは見られませんが、時事英文に特有の表現形式という
ものはやはり存在しています。時事英文を読む上で特に注
意をしておいたほうがよい表現形式をまとめると、以下の
ようになります。

①発言者や情報源を示す文末の主語（S）＋思考伝達系
　の動詞

②分詞構文の多用（特に「,and ＋動詞」に近い文末の

分詞構文）

③節の内容を1語で言い換える同格語

④接続詞ifの代用をする省略表現

⑤連鎖関係詞節を使った判断の主体の明示

　具体例がないと分かりづらいかもしれませんね。以下では、この5つのパターンに焦点を当てつつ、実際の新聞記事を例に用いて本文を読む訓練をしていきましょう。

　① 発言者や情報源を示す文末の主語＋思考伝達系の動詞
　まずは以下の記事を読んでみて下さい。としまえんの跡地に関して報じた記事の冒頭です。

1.　としまえん跡地

Warner Bros. Entertainment, Inc., a leading U.S. filmmaking company, plans to open a Harry Potter theme park in central Tokyo by the spring of 2023, The Yomiuri Shimbun has learned.

The Japan News, 2020/2/4 より抜粋

語注
• leading：「代表的な」

　2020年の年始に話題になった件ですのでご存じの方も多いかと思いますが、としまえんの跡地に『ハリー・ポッター』のテーマパークを建設するという話ですね。

　Warner Bros. Entertainment, Inc. は会社名、Inc. のピリオド（.）は Incorporation の略だというサインです。これが主語になると考えられるので、後に述語動詞が出てくるはずですが、その前に、カンマ（,）で挟まれた挿入句が入っていることに注意しましょう。この挿入句はワーナー社の説明になっています。そこをしっかりと見極めれば、Warner Bros. Entertainment, Inc.（S）plans（V）「ワーナー社が計画している」という文の骨格が見えてきます。

　それでは「何を」計画しているのかと言うと、それが後に続く to open a Harry Potter theme park in central Tokyo の部分です。「東京都心にハリー・ポッターのテーマパークを開くことを」となります。

　この英文のポイントはラストの The Yomiuri Shimbun has learned の部分。The Yomiuri Shimbun has learned that ...「読売新聞は…という情報を得た」という文の that 節（しばしば reported clause などと呼ばれます）の中身のほうが主節となり、主節だった前半部分が付け足しのような形で文末に置かれた構造になっています。

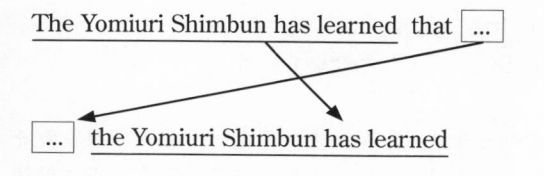

このように、「主語＋思考伝達系の動詞（say, claim, find, learn など）」の形を文末に置いて文を締めくくるパターンが、時事英文では非常に多く見られます。これらは主に誰の主張か、どこの情報、どこの取材によるものか、などを明示する機能を持っています。

> 訳 アメリカの代表的映画配給会社であるワーナーブラザーズ社が 2023 年の春を目途に東京にハリー・ポッターのテーマパークを開園する計画を立てていることが読売新聞の調べで分かった。

　次のものはどうでしょう。これも、記事の冒頭から。

2.　チンパンジーの餌

Chimpanzees with a vegetable-centered diet are less prone to catch colds and are healthier than their peers with a fruit-heavy lifestyle, the animals at a Tokyo zoo have shown.

The Japan News, 2020/2/4 より抜粋

語注

- diet：「食生活、食事」
- be prone to ... :「…しやすい」

　野菜を食べるチンパンジーというのは少し違和感を覚えるかもしれませんが、実はそちらのほうが野生に近く健康

にもよいという記事からの抜粋です。

　a vegetable-centered diet は「野菜中心の食事、食生活」ということ。ダイエットのようにカタカナ語になっている英単語は、英語でよく使う意味と日本語に採用された意味が異なる場合がかなり多いので、注意が必要です。また、名詞 -centered といった形の複合語は「…中心の」という意味になることも知っておくと有益でしょう。

　文の構造の点からは、Chimpanzees ...（S）are（V）... までは問題ないとして、less prone のところ、less や more などの比較級の形が出てきたら何と比較してのことなのか、と考える癖を付けておくと、

are less prone ...
and　　　　　　　　than
are healthier

というつながりも自然に見えてくるはず。

　最後の the animals...have shown はまさに 1. の文で出てきたのと同じ形で、「主語＋思考伝達系の動詞」が文末に置かれています。...lifestyle までの内容を、the animals at a Tokyo zoo「東京の動物園の動物たち」が証明した、という意味になります。

　訳　野菜中心の食生活をするチンパンジーたちはフルーツを中心に摂取する個体に比べ、風邪をひきにくく、健康であるということを、東京の動物園のチンパンジーたちが証明した。

　ここまで見てきたように、時事英文の記事では中心となる内容を先に主節で示してから、最後に付け加えるような形で情報源や視点の主体を示すという形が非常に好まれます。新聞記事などを読む際には、このような文の組み立て方に慣れることも重要でしょう。

② 分詞構文の多用

　次は新時代の到来について語った記事の中の即位礼正殿の儀の描写からです。

3.　即位礼正殿の儀

₁During the Sokuirei-Seiden-no-gi ceremony held in October, the Emperor pledged: "I shall act according to the Constitution and fulfill my responsibility as the symbol of the State ... while always wishing for the happiness of the people and the peace of the world." ₂During the celebratory parade held in November, about 120,000 people lined the streets, cheering while taking photos and videos with their smartphones.

The Japan News, 2019/12/24 より抜粋

語注

- pledge：「誓う、誓約する」
- Constitution：「憲法」
- line：「…に列を作る、並ぶ」

　During という前置詞から始まるので、それが従えている前置詞句が終わったところで、SV の形が出てくるはずだと思って読み始め、the Emperor（S）pledged（V）「天皇は誓われた」を捉えます。

　コロン（:）の後の引用句の内容は、天皇が実際に話されたお言葉の英訳になっています。ここで用いられている while always wishing... 「いつも望みながら」という部分は、分詞構文に接続詞の while が付いた形ですが、実は同じ形が第 2 文の文末にも出てきています。しかも、こちらのほうはその while taking... 自体が、cheering... という分詞構文の一部になっています。

　第 1 文と同じような視点で読んでいけば、(During...) about 120,000 people（S）lined（V）the streets（O）という骨格が見え、その後に続く cheering 以下が分詞構文だというのがはっきりと分かると思います。

　性質上、状況を客観的に、なおかつ一定のスペースで描写することが求められる新聞記事では、このように単純に状況描写を追加する分詞構文が多用される傾向にあります。特に第 2 文の ..., cheering のように、文末に裸の形で置かれた分詞構文は、and ＋動詞の言い換えで「そして…した」と解釈できる場合も多いです。

　訳　10 月に行われた即位礼正殿の儀で、天皇陛下は「国民の幸せと世界の平和を常に願いながら、憲法にのっとり、日本国統合の象徴としての務めを果たすこと」を誓われた。11 月に開催されたパレードでは約 12 万人が通りに並び、スマートフォンで写真やビデオを

撮影しながら祝福した。

〈②のまとめ〉

　分詞構文は文脈によって意味に揺れ動きが出る表現法であるため、ライティングの授業などではできるだけ避けるようにと言われることもあります。しかし、ここで見たように、新聞記事では背景となる状況や条件、あるいは結果などを表すのによく用いられるものであり、時事英文を読みこなす上では慣れておいたほうがよい形です。

③節の内容を１語で言い換える同格語

　次の英文は2020年に大流行した新型コロナウイルスに関わるもので、２つのパラグラフにまたがっています。

4.　　新型コロナウイルスの影響

（1）₁During the Lunar New Year holiday period in 2019, about 70 groups from China had booked tickets, but this year, the number of such groups has declined to about 30 after a series of cancellations. ₂"The impact has been bigger than anticipated," a Puroland official said.

（2）₁To contain the spread of the virus, the Chinese government has banned all outbound group travel, a move that is being felt around the world.

The Japan News, 2020/1/29 より抜粋

語注

- **the Lunar New Year holiday** :「旧正月、（中国の）春節」
- **book** :「予約する」
- **outbound** :「国外への」

　1つ目のパラグラフの第1文の読み方は、3. でやったのと同じく、During... 以下をカッコでくくるところから始まりますが、about 70 groups from China（**S**）had booked（**V**）tickets（**O**）の中核のところで、book が「予約する」という意味の動詞で用いられていることに注意しましょう。

　その後、接続詞の but が続き、さらに this year という副詞句が頭に出ていることから、in 2019 と this year の対比の関係が見えれば、その後ろに今年の状況を説明した別の **SV** が来るはずだと予想できます。そうすれば、the number of such groups（**S**）has declined（**V**）という形もスムーズに頭に入ってくるでしょう。細かい点かもしれませんが、前半と後半の対比は、had booked と has declined という過去と現在の時制の違いにも表れています。

［等位接続詞の but］

During… in **2019**,　　　about 70 groups from China **had booked** tickets

　　but

this year,　　　the number of such groups **has declined** …

　第2文はセリフが中心ですが、比較級 than + anticipated（expected）「予想外に、予想以上に…」というフレーズは頻出です。

第2パラグラフは、第1パラグラフの状況を作った原因を述べている一文で、目的を表す文頭の　to不定詞　句にさえ注意すれば、the Chinese government（S）has banned（V）all outbound group travel（O）という骨格を捉えるのは難しくありません。

　ポイントは文末の ...a move のところです。a move that ... は文字通り「…な動き」、あるいは「…な対応」くらいの意味で、直前の「中国政府があらゆる国外行きの旅行を禁じた」という内容全体を受けて、「それは…な対応である」と言い換えたものになります。

　このように文や節全体の内容を受けて名詞句で言い換える同格表現も、新聞記事ではよく目にします。

[同格的言い換え]

the Chinese government ... group travel,

　　　　　　　　　　　　　　　　　　a move that ...

　なお、that is being felt は単に「感じられている」と解釈してもよく意味が通りません。make oneself felt「影響を与える」などの言い回しを知っていれば、「その影響が広がりつつある」のように訳せますね。

> 訳　2019年の春節には中国から約70の団体が予約をしていたが、今年はキャンセルが相次ぎその数が30にまで減少している。「影響は予想よりも大きい」とビューロランドの担当者は語った。

78

　　コロナウイルスの拡散を抑えるため中国政府はあらゆる国外への団体旅行を禁じたが、この対応の影響が世界中に広がりつつある。

〈③のまとめ〉

　このタイプの同格語は慣れないと少し難しく感じるかもしれません。もし分かりにくければ、高校で習ったコンマ(,) をともなう関係代名詞節に近いものだと考えてみるとよいかと思います（非制限用法と言います）。4. の英文についても、a move... の部分を ..., which is a move... と置き換えると理解しやすいのではないでしょうか。

　④接続詞 if の代用をする省略表現

　ここまで分詞構文と同格語という、省略的な構造を見てきましたが、これらの表現法以外にも省略を用いたパターンは存在します。

　次の文は Govt to assess damage from global warming「政府が地球温暖化から生じる被害を査定へ」と題された記事の冒頭です。省略表現を意識して読んでみて下さい。

5.　温暖化の被害を政府が予想

The Environment Ministry plans to estimate the possible damage from typhoons hitting the Japanese archipelago should global warming progress.

The Japan News, 2020/1/16 より抜粋

語注

- The Environment Ministry：「環境省」
- archipelago：「列島」

　主語名詞句から始まる基本的な形であるため、The Environment Ministry (**S**) plans (**V**)「環境省は計画している」という文の骨格を捉えるのは難しくないと思います。

　何を計画しているかを具体的に表現しているのが、to estimate... の部分ですが、問題は estimate の目的語の the possible damage from typhoons 以降の部分。hitting the Japanese archipelago「日本列島を襲う」が、typhoons を後置修飾する分詞句であるのはよいとして、should global warming progress のところは理解できたでしょうか。

　これは if global warming should progress「万が一、地球温暖化が進めば」を言い換えた表現法で、疑問文と同じ語順をとるものです。やはり時事英文でよく使用される省略的な構造の1つになっています。

　構造上はそこまでが分かれば問題ありませんが、訳出の工夫として、the possible damage を「可能性のある被害」とすると堅苦しくなるため、「どのような被害の恐れがあるか」と少し展開した訳し方にしています。

> **訳**　環境省は地球温暖化が進行した場合に日本列島を襲う台風からどのような被害が生じる恐れがあるかを査定する計画を立てている。

〈④のまとめ〉

疑問文と同様の語順を用いて if 節の代用をするものには、上のように should を用いたもの以外にも、were や had+ 過去分詞を用いたものがあります（例：were it not for...「…がなければ」、had it not been for...「…がなかったなら」）。

ただし、これらはかなり硬めの表現であり、時事英文や日常英語で特によく登場するのは今回の should のパターンです。思わぬところに should が登場したら、if 節の言い換えの可能性を思い浮かべられるようにしておきましょう。

⑤連鎖関係詞節を使った判断の主体の明示

続いては、2 つほど連続して読んでみましょう。1 つは死刑制度についての賛否に関する調査結果を紹介しているもの、もう 1 つは IR 法案の採択時の記事からの抜粋です。

6.　死刑についての見方

According to the results of a poll released by the Cabinet Office last year, 9.7 percent of respondents said the death penalty "should be abolished," while 80.3 percent supported the system because of what they said was its unfortunate "need to exist."

The Japan News, 2016/9/26 より抜粋

- poll :「世論調査」
- respondent :「回答者」

7. 統合型リゾートについて

> ₁At the end of July, a government advisory panel
> compiled an outline for an IR system, proposing what it
> said are "the world's strictest regulations on casinos."
> ₂The regulations would include measures such as
> making Japanese customers show their My Number
> individual identification cards.
>
> *The Japan News*, 2017/8/21 より抜粋

語注

- advisory panel :「有識者会議」
- compile ... :「…をまとめる」

　まずは 6. の英文です。According to ... が従える前置詞
句の範囲を見極めて、9.7 percent of respondents（**S**）said
（**V**）という骨組みを把握します。

　後ろに while... というのが続きますが、このように while
を挟んで 2 つの節が並列されているような文では、while
を「対比的なニュアンスの強い and」のようなものだと考
えて読むと、前からスムーズに読んでいけます。

　本文で特にポイントとなるのは、後半の because of 以下
の部分、what they said was...「彼らが言ったところの…」

というところです。

　文法構造的には第1章にも出てきた連鎖関係詞に分類されるものですが、新聞記事では客観性の配慮から「誰がそう言っているか、誰の考えか」といったことを繰り返し明示する特徴があり、このような形が頻出します。特に今回の英文の its...need to exist「死刑の存在の必要性」のように価値判断を含む言葉を使用する際には、あくまでこれは取材、調査した相手の考え方ですよ、ということを伝えるためにそういう傾向が強くなります。

　言葉を裸のまま使わずに、what S say is...「S が言うところの…」とか what S describe as...「S が説明するところの…」と表現することで、その価値判断に記者は必ずしもコミットしていないということを伝えることができるというわけです。

　7. の英文も第1文の後半で出てくる同じ形がポイントになります。...,proposing は 3. の英文で扱った分詞構文で、and proposed くらいに読んでよいところ。その proposing の目的語（O）である what it said are "the world's strictest regulations on casinos" の部分に目をやると、the world's strictest「世界でも最も厳しい」という言葉に、明らかに判断が含まれることが分かります。

　この英文ではそれが客観的事実として証明されているわけではなく、あくまで政府の委員会がそう言っているもの、ということを伝えるために what it said are... という構造を使用していると考えられます。

　第2文は、The regulations（S）would include（V）measures（O）という骨格を捉えるのは難しくないですが、

「たとえば…のような」という意味の「例示」の標識として用いられる such as の後ろに、making... という動名詞句がきていること、さらにその making が customers（O）show（**原形動詞**）という形を後ろに従える使役動詞になっていることに注意したいですね。

> **訳** 〈6.〉 昨年、内閣府が発表した世論調査の結果によると、回答者の 9.7% は死刑は廃止すべきだと答えたが、80.3% は「残念ながら存在する必要がある」と言って制度を支持した。

> **訳** 〈7.〉 7月末に、政府の有識者会議が IR 制度の概要をまとめ、彼らの言う「世界でも最も厳格なカジノ規制」を提示した。その規制には、日本人にマイナンバーカードの提示を求めるなどの内容が含まれることになる。

〈⑤のまとめ〉

ここで確認した what 節は、書き手が"特定の表現"について一歩距離を置いた婉曲的な言い方をするための方法です。その"特定の表現"、すなわちキーワードがどの部分かを見極めることが構造把握のポイントとなります。

たとえば、in what some think is a bold manner「人によって大胆だと考えるやり方で」のような表現を見た時に、in a bold manner「大胆なやり方で」が核にあるということがすぐに理解できると、その後の解釈もスムーズになる

84

でしょう。

3.2
時事英文はこう読む（2）— 長文編

Whole Part 法

　前節では見出しや記事本文の短い抜粋を題材に、時事英文特有の表現を確認してきました。本節ではさらに進んで、記事全体を読む、という観点から注意すべきところを確認していきたいと思います。

　説明的な英語の文章では、一般的な言葉で全体像を示した上で、具体的な詳細について個別に論じていくのが基本です（Whole Part 法）。こうすることで、読み手に最初の段階でどのような流れで文章が進んでいくのかを予想させ、理解を促すことができます。

　［**Whole Part法**］

全体像（要約）

具体的詳細（1）

具体的詳細（2）

まとめ

　時事英文もこのルールに則っていて、本文の最初のパラ

グラフ、あるいは最初の2パラグラフくらいまでが記事全体の内容を要約する構成になっていて、その後に具体的な詳細の説明が続くことが一般的です。

　時に興味を喚起するような具体的なエピソードから始まる記事もありますが、その場合でも、最初の数パラグラフの中に記事の全体像を要約したような箇所が出てきます。

　このルールを逆手に取れば、冒頭の数パラグラフに目を通すことで、記事の全体像がつかめるので、その先の具体的記述を読む場合の理解度も変わってきます。

　長文に挑戦（1）——ネット中傷と政治
　では、さっそく、トレーニングに進んでみましょう。
　次の英文は2019年の参院選を前に、ネットでの中傷合戦が過熱し、冷静な議論が出来なくなっていることを指摘した記事からの抜粋です。ここでは、3つのパートに分かれた記事のうち、特に立憲民主党への批判コメントについて論じた第1部を引用しました。

1.　選挙戦におけるネットでの荒らしによる議論の質低下

Online trolls dumbing down debates ahead of election

　(1) 1Vicious slurs and insults cast by anonymous users of social networking services are zinging this way and that online as the July 21 House of Councillors election draws near. 2The online trolling is tending to eclipse calm policy debates.

86

(2) ₁In the past few days, the official Twitter account of the Constitutional Democratic Party of Japan (CDPJ) has been bombarded with messages disparaging the main opposition party. ₂"You changed your party name many times, that's why it gets mistaken," one message said, while another blasted, "Just shows your political party isn't even worth remembering."

(3) ₁These messages began appearing after Prime Minister Shinzo Abe, president of the ruling Liberal Democratic Party, referred to CDPJ leader Yukio Edano as being from "Minshuto" (the Democratic Party of Japan) .

(4) ₁Ahead of the 2017 House of Representatives election, the CDPJ gave its reported Japanese abbreviation as "Minshuto." ₂However, for the upcoming election, the party has plumped for the abbreviation "Rikken," which is how the first two kanji characters in the party's name are read. ₃The Democratic Party for the People – the second-biggest opposition party -- has chosen "Minshuto" for its abbreviated title in this month's election. ₄Consequently, a voter intending to cast a ballot for the CDPJ might accidentally vote for the DPFP if they write "Minshuto."

(5) ₁It is possible Abe's slip when referring to the name of Edano's party could result in voters who support the CDPJ actually casting votes for a different party.

(6) ₁On Tuesday, the CDPJ posted a message on its official Twitter account to express its irritation over what it said was a "rude" mistake. ₂However, this unleashed a torrent of criticisms like the ones mentioned earlier in this article, with some social media users even pasting and sharing posts from 2017 in which the CDPJ was describing itself as "Minshuto."

The Japan News, 2019/7/13 より抜粋

語注

- **troll**：「挑発的なコメント、荒らし」
- **dumb down...**：「…の質を低下させる」
- **slur**：「中傷」
- **anonymous**：「匿名の」
- **zing**：「ビュンビュン音を立てて走る」
- **draw near**：「近づく」
- **be bombarded with...**：「…を浴びせかけられる」
- **disparage**：「けなす」
- **reported**：「届け出上の」
- **abbreviation**：「省略形、略語」
- **plump for...**：「…を選ぶ」
- **slip**：「言い間違い」
- **a torrent of...**「ほとばしるような…」

まずは、見出しから順番に、各パラグラフのセンテンスレベルの要点を解説していきます。

〈見出し〉

　前節で説明した見出しの文法に則って、Online trolls (are) dumbing down... と be 動詞を補って考えましょう。ahead of election は「選挙を前に」ということで当時迫りつつあった参院選を指しています。

〈第 1 パラグラフ〉

　第 1 文では、Vicious slurs and insults「悪意のある誹謗中傷」と cast「投じる」の意味的関係、また、cast by... という形から、cast は過去分詞形で slurs and insults を後置修飾していると判断して、述語動詞を探しましょう。

　そうすると、Vicious slurs and insults (S) are zinging (V) という核となる構造が見えるはず。後ろに続く this way and that は、「あれこれ」を表す表現の this or (and) that を意識して、「あちこちに」と正しく解釈したいところです。選挙が近づくにつれて誹謗中傷が SNS で飛び交っているところをイメージできたかどうか。

　第 2 文は構造的には全く難しくありませんが、eclipse「（太陽・月の）食」を動詞で用い、「影響力を低めている」という内容を表していることには注意しましょう。

〈第 2 パラグラフ〉

　第 1 文は主語名詞句が長いですが、the official Twitter account... (S) has been (V) という骨格を把握するのが大切です。the main opposition party が CDPJ（立憲民主党）を指していることにも注意。

　第 2 文では前節でも登場した、文中の while が出てきて

いますが、ここは and と置き換えてもほとんど差し支えないところ。最後の引用は動詞の shows から始まり主語が表現されていませんが、文脈から「立憲民主党が名前を間違えられたこと」が主語になっていると解釈しましょう。

〈第3パラグラフ〉
　第3パラグラフは一文から構成されています。文の構造、意味内容は難しくないものの、日本語に訳す場合には注意が必要なところです。
　この英文で最もフォーカスが当たっているのはどこかと考えた場合、すでに第2パラグラフで誹謗中傷コメントが出ていることは明らかになっているわけですから、それがどういう経緯で出てきたかを説明した、after 以降の部分ということになります。つまり、日本語に訳す場合もその部分にフォーカスが当たるような訳し方が望ましいということになりますね。

〈第4パラグラフ〉
　第1文、第2文ともに特別難しくはありません。第2文の文末、"Rikken," which is how the first two kanji characters in the party's name are read の部分は、日本語を解さない人も読むことを前提に少し詳しく説明しているところであり、日本語に訳す場合には、「党名の最初の2字である」というくらいにまとめてしまってもよいでしょう。
　第3文はダッシュ（—）で囲まれた挿入句がありますが、これは The Democratic Party for the People の説明を付け足したもの。The Democratic Party for the People（S）has

chosen（V）"Minshuto"（O）の構造は難なくつかめるは
ずです。

　第4文では、a voter の後に続く intending... を分詞句に
よる後置修飾であると適切に処理して述語動詞を探しなが
ら読み進め、a voter（S）might accidentally vote（V）とい
う骨格を把握しましょう。

〈第5パラグラフ〉

　ここも一文からなるパラグラフです。It is possible の後
は that を補って考えましょう。

　Abe's slip when referring... の部分が少し難しいところで、
普通、このような接続詞付きの分詞構文は副詞的要素とし
て動詞句や節を修飾しますが、ここでは Abe's slip という
名詞句を修飾しています。ここから、Abe's slip に動的な
ニュアンスが込められていると解釈し「安倍首相が言い間
違えたこと」のように捉えてもよいことが分かります。

　when...party までが Abe's slip の説明になっているとし
て、Abe's slip...（S）could result（V）という骨格が見えた
後も、result in の後の形に注意が必要です。一見、in
voters who... で前置詞句のコアが定まったように見えます
が、「言い間違えたことが投票者につながる」ではまとま
りを成しません。これは「投票者が…することにつなが
る」という流れのはずであり、その「…する」に当たる部
分が後から動名詞句で表現されるのではないか、と予想で
きるのが真の「読む力」です。

　その予測があるからこそ、actually casting votes... が、
voters who... を意味上の主語とする動名詞句であることを

すんなりと理解でき、「立憲民主党を支持する投票者が実際には別の党に投票してしまうことにつながる」という意味が読み取れるわけです。

〈第6パラグラフ〉

第1文の前半は基本的ですが、明らかに to 以下は事実として語られているので、この to不定詞 は「結果」を表すものと判断し、「公式 Twitter アカウントに投稿し、…を表明した」と解釈するのがよいですね。

この文の後半では前節で扱った what を用いた形が、over what it said was a "rude" mistake のところに登場します。rude「失礼な」という描写は、あくまで立憲民主党による判断、言葉であることを明示するため、このような表現を選んでいることが理解できます。

第2文は息の長い一文になっています。骨格となる this (S) unleashed (V) a torrent of criticisms (O) の部分は構造上は難しくありませんが、訳すとなると少し厄介なところかもしれません。

「これが洪水のような批判を解き放った」とすると、立憲民主党が批判をしたように聞こえますが、あくまで立憲民主党は批判を受けた側なので、「これが洪水のような批判を招いた」という程度に工夫したいところです。

後半の like the ones mentioned earlier in this article は、第2パラグラフで実際に引用されていた批判のコメントを指しています。さらにその後に続く with some social media users... の部分は、分詞構文に近い with を用いた付帯状況を表す構文で、ここでは a torrent of criticisms の具

体例をもう1つ追加する役割を担っています。

　このことを踏まえ、「しかも中には…をする人もいる」といった形で、実例を付け加えるような訳し方をするのがよいでしょう。

〈全体の構成〉

　さて、ここまでパラグラフごとにポイントとなりそうな箇所を見てきましたが、全体を読んでみて、どう感じたでしょうか。

　この記事では基本のルールどおり、第1パラグラフは全体の要約的なものになっていて、一般性の高い言葉で書かれています。選挙を前にネットで誹謗中傷が吹き荒れていること、それが冷静な議論を妨げているという趣旨は読み取れますが、具体的に誰がどういう風に批判を受けているのか、といったことは説明されていません。

　第2パラグラフでは少し具体性が高まり、立憲民主党が批判の対象となっている点などが明らかにされ、実際に誹謗中傷をしているコメントの例なども挙げられていますが、まだ一般的な書き方で、経緯などの詳細は第3パラグラフ以降を待たなくてはなりません。

　この記事では、第1パラグラフが全体の要約と趣旨を提示し、第2パラグラフがそれをもう少し掘り下げ、同時に第3パラグラフ以降の導入をする役割を担っていて、第3パラグラフ以降に批判的コメントが吹き荒れるに至った詳しい経緯が続いていく形になっています。

　第3パラグラフの第1文は、第2パラグラフの批判コメントの具体例を受ける These messages という言葉から始

まり、began appearing after... という表現でその前提となった背景へと話をスイッチする役割を担っています。

　この背景の説明が第4、第5パラグラフと続き、ようやく第6パラグラフでそれらの説明が完結すると、these messages を言い換えた the ones mentioned earlier in this article という言葉とともに、第2パラグラフで述べられていた記事の中心的なテーマへと話が戻ってくる形になっています。以下にこの記事の第2パラグラフ以降の構成を図示しましたので、確認してみて下さい。

[記事の構成]

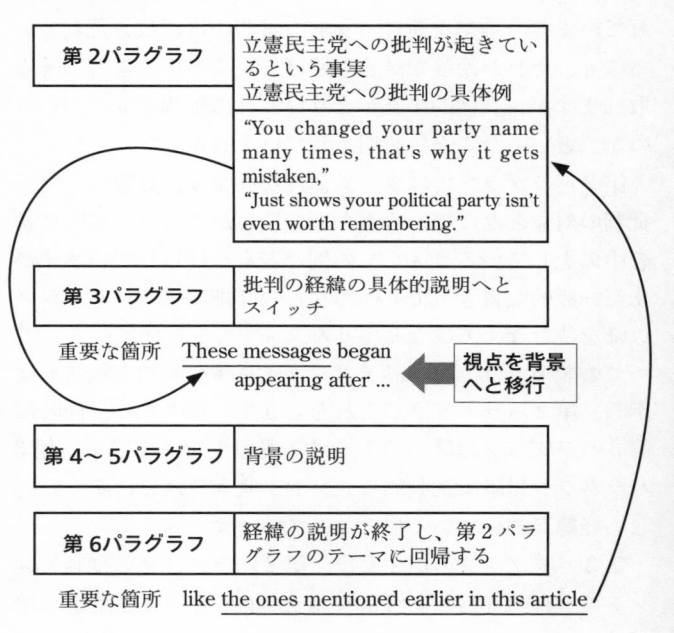

訳　選挙戦におけるネットでの荒らしによる議論の質低下

　7 月 21 日の参院選が近づく中、SNS の匿名ユーザーによる悪意のある誹謗中傷があちこちを飛び交っている。ネット上の挑発行為のせいで、冷静な政策議論がかすんでしまう傾向にある。

　過去数日間で、立憲民主党の公式 Twitter アカウントは党を批判するコメントの集中砲火を浴びた。「何度も名前を変えるから間違われるんだ」とか、あるいは「おたくの党は覚える価値もないってことだ」といったコメントだ。

　こういったコメントが出始めたのは自由民主党総裁である安倍晋三首相が立憲民主党の党首である枝野幸男氏を「民主党の」と呼んだ後からだ。

　2017 年の衆議院選挙の前には立憲民主党は届け出上の略称を「民主党」としていた。しかし、今度の選挙では党名の最初の 2 文字である「立憲」のほうを略称に選択した。一方、野党第二党である国民民主党は、今月の選挙での略称に「民主党」を選択している。結果、立憲民主党に投票しようと思った投票者が「民主党」と書いて国民民主党に投票してしまう可能性もある。

　枝野氏の党名に触れた際、安倍首相が言い間違えたことで、立憲民主党を支持する投票者が実際には異なる党に投票してしまうことがないとは言えない。火曜に、立憲民主党は公式の Twitter アカウントで投稿し、「失礼」な間違いだとして苛立ちを表明した。しかし、これが上で触れたような批判を次々に招くことになり、中には立憲民主党が自らを「民主党」としていた

長文に挑戦（2） ——新型コロナウイルスと五輪

　さて、次の記事は 2020 年に最も注目を集めたと言ってもよい新型コロナウイルスの影響による東京オリンピック、パラリンピックの延期決定についての記事です。やはり文章の構造に注意をしつつ、前半の内容が後半でどう展開されていくかに意識を向けながら読んでみて下さい。

2. **IOC、東京五輪の 1 年延期を決定**

IOC decides to postpone Tokyo Games by 1 year

　(1) [1]The International Olympic Committee agreed Tuesday at a special board of directors meeting that the Tokyo Olympics and Paralympics will be postponed by about one year due to the coronavirus pandemic. [2]Prior to the decision, Prime Minister Shinzo Abe held telephone talks with IOC President Thomas Bach and proposed that the Games be delayed. [3]Bach accepted his proposal to hold the event in the summer of 2021 at the latest.

　(2) [1]The Tokyo Olympics were originally scheduled to take place from July 24 to Aug. 9 and the Paralympics from Aug. 25 to Sept. 6. [2]It is the first time in the history of the Games that they have been pushed back.

(3) ₁The telephone talks were held at the request of the Japanese government and took place at the prime minister's official residence for about 45 minutes from 8 p.m. Tuesday. ₂The teleconference was also attended by Yoshiro Mori, president of the organizing committee; Tokyo Gov. Yuriko Koike; Chief Cabinet Secretary Yoshihide Suga; and minister for the Tokyo Olympic and Paralympic Games Seiko Hashimoto, among others.

(4) ₁"We've confirmed there is no cancellation," Abe told reporters after the talks.

(5) ₁"I proposed that we consider options mainly to delay the Games for about a year. ₂This is to allow athletes from across the globe to perform in peak condition and to make the event safe and secure for spectators," Abe added.

(6) ₁Giving reasons for the one-year postponement, he said, "Given the current spread of infections, it will be difficult [to contain the virus] by the end of this year."

(7) ₁Abe said Bach agreed with his suggestion fully.

(8) ₁Regarding a new schedule for the Games, Hashimoto said, "I thought it could be held around summer [next year]."

(9) ₁Koike said to reporters: "It is significant for the athletes that we have a concrete target for the summer of 2021. Tokyo has made numerous preparations. We will keep working with the central government and the

organizing committee to prepare for the new goal."

(10) ₁In regard to the burden of additional expenditures arising from the postponement, Koike indicated her intention to discuss the matter with the central government, saying: "A close examination is necessary. I think the amount much each of us would shoulder will be discussed with the central government."

(11) ₁Bach explained at the special IOC board of directors meeting that he had agreed with Abe to push the event back by about a year. ₂The IOC had previously said it would reach a decision within four weeks.

The Japan News, 2020/3/26 より抜粋

語注

- a special board of directors meeting :「臨時理事会」
- pandemic :「パンデミック、感染爆発」
- prior to... :「…の前に、…に先立って」
- at the latest :「遅くとも」
- push back :「先送りにする」
- the prime minister's official residence :「首相官邸」
- teleconference :「電話会議」
- among others :「中でも、特に」
- in peak condition :「最高のコンディションで」
- given... :「…を考慮すると」
- contain :「封じ込める」

- a concrete target：「具体的な目標」
- expenditures：「費用、コスト」

　見出しを含め、センテンスレベルについて各パラグラフごとに見ていきましょう。

〈見出し〉

　この記事の見出しは通常の文法でも理解できる比較的分かりやすいものになっています。ただし、Tokyo Games（本文では the Tokyo Olympics and Paralympics）や、by 1 year（本文では by about a year）といった箇所には、やはり冠詞や修飾語などの細かい省略が見られますね。

〈第 1 パラグラフ〉

　3 つの文から構成されています。構造的に複雑な箇所はないですが、第 1 文はやや息が長いので注意しましょう。The International Olympic Committee（S）agreed（V）that...（O）という構造を把握するのが最重要。

　第 2 文、Prime Minister Shinzo Abe が文の主語となっているのはよいとして、held... and proposed... という動詞の並列、さらに proposed の目的語（O）となる that 節の中で、the Games be... という形で仮定法現在が使われていることに注意したいところ。提案や要求の内容を表す that 節の中では、仮定法現在と呼ばれる、原形と同じ形が用いられることがあります。

　やはり第 1 パラグラフがこの後を予言する形になっています。第 1 文と第 2 文の内容がそれぞれ、後のパラグラフ

でどのように展開されていくかに注目したいところです。

〈第2パラグラフ〉

　ここは文章の構成から言うと一息つく感じで、そもそもの予定と延期という決定が歴史上初めてであるという背景が指摘されています。

　構造的には、第1文の後半の the Paralympics from Aug. 25 to Sept . 6. の部分に注意。前半と同じ構造が繰り返されるため、共通の要素である were originally scheduled to take place が省略された形になっています。

〈第3パラグラフ〉

　第1文の主語が The telephone talks となっているところから、第1パラグラフの第2文で言及されていたトピックの詳細がまず説明されることが予想できます。

　第1文、第2文とも受動態の形が用いられていますが、ここでは第1パラグラフで言及されている「電話会議」という情報から新しい情報へと話をつなぐという、〈情報の流れ〉に対する配慮があります。

　特に第2文は、首相以外の参加メンバーという重要な新情報を文末に置くために、受動態が効果的な役割を果たしています。このように特殊な構文（受動態）を用いて導入された新情報は、その後に続く文のトピックともなりやすいので注意が必要です。

〈第4〜7パラグラフ〉

　パラグラフとは言っても実質はほぼ一文で構成されてい

て、全て安倍首相のコメントの説明になっていることが分かります。

第 5 パラグラフの options ... to delay the Games for about a year は、 to不定詞 句が options の内容を説明する形になっていて、「1 年ほど大会を延期するという選択肢」ということになります。

〈第 8 パラグラフ〉

今度は、Hashimoto（橋本五輪相）の名前が登場します。

〈第 9 〜 10 パラグラフ〉

ここからは名前が Koike（小池都知事）に切り替わります。このあたりで、第 3 パラグラフの第 2 文で導入された電話会議の参加者の詳細が、第 4 〜 10 パラグラフにわたって展開されているということに気づけるかと思います。

追加のコストの負担問題について言及した第 10 パラグラフでは、In regard to...postponement でトピックが示されていることを把握しつつ、Koike (S) indicated (V) her intention (O) という大枠を捉えることが重要です。

ラストの saying は「…であると言って」を意味する分詞構文で、小池都知事の具体的な言葉を導入しています。

〈第 11 パラグラフ〉

ここで IOC のバッハ会長の言葉が登場し、ようやく第 1 パラグラフの第 1 文の伏線が回収されます。同時にこれは文章を締めくくる「まとめ」の役割も果たしています。

第 2 文は、had previously said「以前には言っていた」

という過去完了形からも明らかなように、この電話会議が
行われる前の IOC の立場を説明するものとなっています。

　この文章の構成を図示すると、以下の形になります。

［記事の構成］

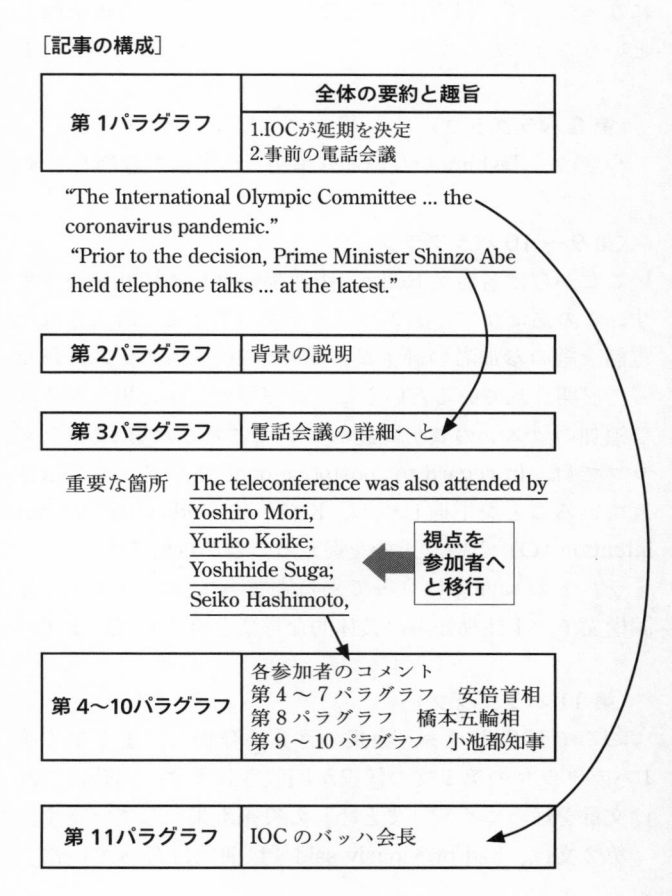

| 第 1 パラグラフ | **全体の要約と趣旨** |
| | 1.IOCが延期を決定
2.事前の電話会議 |

"The International Olympic Committee ... the
coronavirus pandemic."
"Prior to the decision, Prime Minister Shinzo Abe
held telephone talks ... at the latest."

| 第 2 パラグラフ | 背景の説明 |

| 第 3 パラグラフ | 電話会議の詳細へと |

重要な箇所　The teleconference was also attended by
Yoshiro Mori,
Yuriko Koike;
Yoshihide Suga;
Seiko Hashimoto,

視点を
参加者へ
と移行

| 第 4〜10パラグラフ | 各参加者のコメント
第 4〜7 パラグラフ　安倍首相
第 8 パラグラフ　橋本五輪相
第 9〜10 パラグラフ　小池都知事 |

| 第 11パラグラフ | IOC のバッハ会長 |

訳 IOC、東京五輪の1年延期を決定

（1）IOC は火曜日、臨時理事会で東京オリンピック・パラリンピックを新型コロナウイルスのパンデミックの影響で約1年の延期とすることに同意した。この決定に先立ち、安倍晋三首相は IOC のトーマス・バッハ会長と電話会議を行い、大会の延期を提案した。バッハ会長は遅くとも 2021 年の夏までに開催とする安倍首相の提案を受け入れた。

（2）本来、東京オリンピックは7月24日から8月9日にかけて、パラリンピックは8月25日から9月6日にかけて実施される予定だった。五輪の歴史の中で大会が先送りにされたのは今回が初めてである。

（3）電話会議は日本政府の要請によるもので、火曜の午後8時から首相官邸で約45分にわたって行われた。会議の参加者には他にも森喜朗大会組織委員会会長、小池百合子東京都知事、菅義偉内閣官房長官、橋本聖子五輪担当相らがいた。

（4）「中止はないということは確認した」と、安倍首相は会議の後、報道陣に語った。

（5）「約1年ほど延期するという選択肢を主に検討しているということを提案した。世界のアスリートの皆さんが最高のコンディションで参加できるよう、また、大会を観客の皆さんにとって安全かつ安心できるものにするためだ」と首相は付け加えた。

（6）1年延期の理由を説明する中で、「現在の感染の拡大の状況を踏まえると、今年中［にウイルスを封じ込めるの］は難しいだろう」と語った。

（7）安倍首相はバッハ会長が自分の提案に完全に同意してくれたとも説明した。

（8）大会の新しいスケジュールに関して、橋本五輪担当相は「（来年の）夏頃に開催できるだろう」と話した。

（9）小池都知事は「2021年の夏に具体的な目標ができたことはアスリートたちにとって意味がある。東京都は数多くの準備を行ってきた。政府や組織委と協力し引き続き新しい目標に向かって準備を進めるつもりである」と報道陣に語った。

（10）延期で生じる追加のコストの分担については、政府と協議したいという意図を示し、「綿密な査定が必要になる。それぞれがどれだけ負担するかということは政府と議論することになるだろう」と話した。

（11）バッハ会長は臨時理事会で約1年、先延ばしにするということで安倍首相に同意したと説明した。IOCはこれまでは4週間以内に結論を出すと話していた。

3.3
ネイティブでも間違えやすい様々な表現

新聞や雑誌でも話題に

本章では、ここまで時事英文を題材に英語の読み方を確認してきました。時事英文の特徴的な言い回しやテキストの構成などについて、基本的なことは理解して頂けたので

はないでしょうか。

　本節では少々趣向を変えて、言葉の使い方としてよく問題となる「ネイティブでもよく間違える（?）表現や語法」に触れてみたいと思います。時事英文を読むという本章のコンセプトから少し離れますが、言葉の使い方をトピックにした新聞や雑誌のコラムなどでもよく取り上げられているものです。

　間違いとされている表現を最初に紹介し、解説を続ける形で進めていきます。ネイティブでも意見が分かれるものですから、難しく考えずに肩の力を抜いて読んでもらえればと思います。

問題の表現①助動詞 + of + 過去分詞

例文 A) He could of done better.
訳 彼はもっとうまくやれただろうに。

「え、こんなミス本当にあるの?」と思った人もいるかもしれません。もちろん、could of done better の of が have でなくては、文法的に成立しませんね。英文法をしっかり学んだ人であれば絶対に犯すはずのない間違いですが、実際、このように書いてしまう母語話者はかなりいて、ネイティブスピーカー向けの文法の本でも何度も言及されている典型的なエラーです。

　なぜ、このような間違いが起きるかというと、could や would, should など助動詞の後に「have ＋過去分詞」の形が続く時、have が前の助動詞とくっついて、could've, would've, should've となると、音的には of とほぼ同じになって、区別がつかなくなってしまうことがあるからです。

逆に学習者の視点からは、could, would, should などに「have ＋過去分詞」の形が続く時は、have が of の音に近くなることを知っておくと、リスニングの際に有効かもしれません。

問題の表現② could care less

例文 B）I could care less about what people think.
　訳　人がどう考えているかなんてどうでもよい。

これは例文 A よりは難しいかもしれませんが、やはり、非常によく話題になる語法です。もし文字通りにこの文を解釈するなら、「どうでもよい」ではなく「ある程度気にする」という意味にならなくてはいけません。なぜか。たとえば、

例文 C）I couldn't agree more.
　訳　大賛成だ。

という文を考えてみましょう。この文の意味が「大賛成だ」であるということは母語話者なら誰もが認めます。なぜそうなるかと言えば、この文は、

I couldn't agree more than I do.

という文の省略形であるからで、「私が賛成している（I do＝I agree）よりももっと賛成する（agree more）ことはできない（couldn't）」という言葉が結果として「これ以上ないほどに賛成する」という意味を生み出すからです。

　これと同じ理屈で考えるならば、例文Bの英文は、

I could care less than I do about what people think.

の省略形だということになり、文字通りの意味としては「人がどう考えているかについて、私が気にしている（I do＝I care）よりももっと気にしない（care less）こともできる（could）」となり、「どうでもよい」にはならないはずです。

　もし、「どうでもよい」としたいのであれば、I **couldn't** care less. としなければなりません。しかし、特にアメリカ英語の話者では、文法を学んだ経験のあるような人でも could care less のほうが正しいと思い込んでいることが少なくありません。

　否定と比較級を用いて最上級に近い意味を表す語句は他にもあります。例えば次のようなものです。

　例文D）It couldn't be better.
　訳　最高だ。

しかし、これも I couldn't agree more と同じ理屈で、It couldn't be better than it is. 「状況は実際よりもよりよくはなり得ない」→「状況はこれ以上なくよい」と説明するこ

とができます。

②の could care less の言い回しだけがこの理屈で説明できないため、何十年にもわたって議論を呼んでいます。特殊なイディオムである、反語的な皮肉であるといった説がこれまでに出されましたが、完全な解決には至っていません。

問題の表現③ cannot be underestimated

例文 E) His influence cannot be underestimated.
訳 彼の影響力は侮れない。

これもある意味では②で取り上げた英文に似ています。英語の文法の理屈に従うならば、この文は「彼の影響力はこれ以上なく小さい」という意味になるはずなのですが、逆の意味で用いられます。

underestimate は「過小評価する」、言い換えれば「実際よりも低く見積もる」ということです。「実際よりも低く見積もることができない」とすれば、それは「実際」がこれ以上なく低いからということになるのが英語的な発想です。他の表現で見てみましょう。

例文 F) I cannot thank you enough.
訳 あなたにはいくら感謝してもし足りない。

例文 G) You cannot be too careful.
訳 いくら注意してもし足りない。

例文 H）You cannot overstate its danger.
訳 その危険性はいくら強調してもし足りない。

　例文 F は「十分に感謝できない→感謝の気持ちが大きすぎるため」、例文 G は「注意深くなりすぎることができない→これ以上なく注意が必要なため」、例文 H は「大げさに言うことができない→事実がこれ以上なく大きいため」と、「しすぎ」たり「十分にし」たりできないのは、元々の度合いが最高レベルだから、という理屈が成り立っているのが理解できると思います。
　しかし、例文 E だけが上の理屈と矛盾するのです。あえて例文 E を正当化するとすれば、cannot が「禁止」に近い意味でも使われることに着目し、この cannot be underestimated は must not be underestimated「過小評価してはいけない」という意味で用いられていると説明することはできます。ただ、例文 F〜H のような表現が実際に多くある中で、例文 E の場合だけ cannot を「禁止」の意味で考えるというのも、やや強引かもしれません。

　　問題の表現④ 二重の be 動詞

例文 I）The point is, is that the idea itself is not so bad.
訳 要点は、そのアイデア自体はそんなに悪くないということだ。

　これはどこがおかしいか、分かりやすいですね。もちろん、動詞の is, is の部分です。この文は The point を主語、

is を動詞、that...bad を補語とする文なので、is は 1 つだけでよく、is, is と be 動詞が 2 つ重なるのは文法的に説明がつきません。

しかし、これもネイティブスピーカーが時々気にせずに使用してしまう表現であり、二重コピュラ構文（double copula construction）という名前も付いています。

なぜこのような表現が出てきたかということですが、一般的には What the point is is that... という形から派生したものではないかとされています。[What the point is]（S）is（V）[that...]（C）であれば正しい構造ですが、例文 I のように what がないケースでも、what があるケースにつられて、is を 2 つ重ねてしまっているということですね。

問題の表現⑤ "who" or "whom"?

例文 J) He is the guy whom I think is suitable for this job.
[訳] 彼が私がこの仕事に適任だと考える男性です。

これも古くから問題とされている形ですが、どこがダメか判別できるでしょうか。この英文の問題点がすぐに分かるなら、関係代名詞の構造がしっかりと理解できていると思います。

修正しなければならないのは whom で、正しくはここを who としなければなりません。whom は、近年では who に押されて使用頻度が低くなっている語ですが、もともとは関係代名詞 who の目的格の形です。代名詞の目

的格は通例、その代名詞が文の中で動詞や前置詞の目的語
となっている時に使用します。たとえば次の例文。

例文 K）I met him there.
訳　私は彼に会った。

例文 L）She was looking at him.
訳　彼女は彼を見ていた。

whom に関しても同じで、who がその関係代名詞節の中
で動詞や前置詞の目的語となる時には、whom が用いられ
ていました（今では whom よりも who のほうが一般的で、
whom が確実に使われるのは by whom, to whom など、前
置詞の直後で使われる場合に限定されています）。

例文 M）The person whom I met there was John.
訳　私がそこで会った人はジョンだ。

例文 N）The boy whom she was looking at was John.
訳　彼女が見ていた少年はジョンだった。

この理屈で考えると、例文 J の whom はおかしいとい
うことになります。なぜなら、この関係代名詞節は第 1 章
および本章でも確認した連鎖関係詞節で、whom が果たし
ている役割は関係代名詞節内のさらにその中にある that
節の主語だからです。

whom（S）I think（that）is（V）suitable（C）for this job.

　通常、that 節の主語の部分にどのような代名詞を置くかを考えれば、I think that he/she is... と主格を用いるのがルールです。I think that him /her is... のように目的格を用いることはありません。当然、he/she の部分が関係代名詞となっても使用すべきは主格の who であり、whom とするのは誤りということになります。

　しかし、この表現もかなり浸透しており、校正が入っているはずの印刷物でも目にすることがあります。また、19世紀から 20 世紀にかけて活躍した伝統文法家のイェスペルセンのように、シェイクスピアやチョーサーのような古典的な作家から例を引いて、この用法を認めるべきだと主張している人もいます。

問題の表現⑥分詞構文？

例文 O）Being that it's Friday, we went to karaoke after
　　　that.
訳 金曜だったので、その後、カラオケに行った。

　これはどうでしょうか。少し砕けた文脈が多いかもしれませんが、やはり使用されている表現です。
　問題は Being that のところですね。分詞構文だというのは分かりますが、主節の主語が we になっているのに対し、being that.... の意味上の主語を we だと解釈することはで

きないので、これは分詞句と主節の主語が異なるにもかか
わらず、分詞句の主語が省略されている懸垂分詞構文
(dangling participle constructions) と呼ばれるものの一種
です。

　しかし、それだけではありません。通常の懸垂分詞構文
では、省略された主語を補えば、たとえぎこちなくとも文
法的に正しい文（独立分詞構文）になります。

Being Friday, we went to karaoke after that.
（懸垂分詞構文）
　　　↓
It being Friday, we went to karaoke after that.
（独立分詞構文）

　しかし、例文 O の場合、どう主語を補っても、X being
that... を「…なので」という意味にすることはできません。
その意味では、この形は懸垂分詞構文の中でもより一層、
特殊な形ということになります。

　おそらく、it being true that...「that 以下が事実なので」
のような形が元になっていて、そこから主語の it だけで
なく、補語に当たる true も消えてしまって、being
that... だけが残ったものだと思われます。いかにも砕けた
言い方に見えるかもしれませんが、実は以下の例のように
シェイクスピアの作品中にも登場する歴史の古い表現だっ
たりもします。

　例文 P) Being that I flow in grief, The smallest twine

may lead me.
　　—William Shakespeare: *Much Ado about Nothing*

訳 悲嘆に暮れているのですから、どんな細い撚り糸にも引かれていくでしょう。（シェイクスピア『空騒ぎ』）

もっと知りたい人のために

　さて、本節では英語圏のスタイルマニュアルや文法マニュアルなども参考にしつつ、ネイティブスピーカーが誤解して使っている表現を見てきましたが、どれも理屈を考えればおかしいと理解できるものだったと思います。

　外国語で母語話者と対等に渡り合うのはなかなかに大変ですが、ネイティブでもこういう間違いがあると知っておくと、多少は気分が楽になる側面もありますね。本書の主要テーマからは少し外れますが、こういったネイティブでも間違えたり意見が分かれたりする表現に興味があるという人は、以下のような文献を読んでみても面白いかもしれません。

1. June Casagrande：*Mortal Syntax*（Penguin Books）
　　（『モータル・シンタックス』）

　ネイティブでも間違いやすい、あるいは議論になりやすい文法項目を品詞ごとに分類して列挙しています。全てを一律に誤りとみなすのではなく、1つ1つの表現の容認度について「インフォーマルだが悪くはない」、「文法的には正しいが望ましくない」、「辞書では

正しいとされているが言葉遣いにうるさい人は嫌う」
といった言葉できちんと説明しているのが特徴です。

2. Mignon Fogarty：*Grammar Girl's 101 Misused Words
You'll Never Confuse Again*（St. Martin's Griffin）
（『グラマーガールが教える誤用しやすい 101 の単語』）

こちらはもう少し単語の誤用に特化したもので、
effect と affect の違いや、lie と lay の区別など、日本
の英語学習でもよく問題になる単語が取り上げられて
います。これらの表現がネイティブスピーカーにとっ
ても混乱を招くものであることが分かります。

第4章

論理的文章を読み解く
―スピーチ、インタビュー記事から論文まで―

本章では、著名人のスピーチ・講演から学術的な内容のエッセイに至るまで、論理的な文章を読み解く練習をしていきます。

とは言っても、基本的な読み方はこれまでに確認してきたものと大きく変わるわけではありません。第1章〜第3章にかけて見てきたレベルの文章解釈の方法論は、ここでも問題なく通用するはずですので、是非、力試しのつもりで取り組んでみて下さい。

まずは、一般向けのスピーチから始めて、徐々にアカデミックなものにも目を向けていきたいと思います。

4.1
スピーチやインタビュー

スピーチの英語

スピーチ・講演の言葉というのは口頭で発せられる言葉であり、聴衆に聞かせて理解させることを目的としています。

しかし、だからといって文法書や教科書に掲載されている正式な表現とは異なる言葉を使っているかと言うと、全

くそのようなことはありません。むしろ、英語で名スピーチと言われるものは、書き言葉との差がほとんどなく、そのまま文字にしても文章として通用するようなものが少なくないと言えます。

　たとえば、少し古い例ですが、E.H. カーの『歴史とは何か』（岩波新書）や、アイザイア・バーリンの『自由論』（みすず書房）などのように、名著として知られ、文字で読んでも格式高く難しいと感じられる作品が、聴衆に向けて口頭で行った講演に基づいているということもあるのです。裏を返すと、政治家や学者、あるいは各分野の著名人などが行う講演や講義を耳で聞いて理解するためには、論理的な文章をスムーズに解釈できる読解力が必要になるということです。

　スピーチを読む（1）──ボリス・ジョンソン

　さて、ここではまず手始めに 2020 年に新型コロナウイルスが感染爆発を引き起こした際に、英国首相のボリス・ジョンソンが国民に向けて行った呼びかけの言葉を読んでみましょう。

　医療崩壊を引き起こさないよう国民に在宅を強く促す内容で、非常に明快であるとして話題になったものです。

1.　ジョンソン首相のイギリス国民への呼びかけ

To put it simply, if too many people become seriously
unwell at one time, the NHS will be unable to handle
it—meaning more people are likely to die not just from

coronavirus, but from other illnesses as well.

Boris Johnson's Address to the Nation

語注

• **to put it simply** :「単純に言えば」
• **be likely** to 不定詞 :「…しそうである、する可能性
が高い」

　なかなかに息の長い一文ですが、約 15 秒でこの内容を
言い切っています。ただし、これはかなり意識して明快に
発音しているので、講演のスピードとしては遅めだと言え
ます。

　読んでもらえば分かるとおり、句や節と呼ばれる構造に
加え、to put it simply「単純に言えば」、at one time「一度
に」、be unable to 不定詞「…できない」、be likely
to 不定詞「…する可能性がある」、not just A but B「A
だけでなく B も」、as well「同様に」といった、高校まで
の英語学習で必ずと言ってよいほど登場する語句のオンパ
レードになっていますね。理解の仕方は読む場合でも、聞
く場合でも同じです。

　To put it simply の後に if がくるので、この if 節が途切
れたところで、文の主語と述語が出てくるはずだと期待し
ながら読んでいきます。そうすると、at one time でコン
マ（,）があった後に、the NHS will be という形が続くた
め、これが主節だと判断できます。ちなみに、耳で聞く場
合は「間」で判断することが多いです。

　少し難しいのは、その後の meaning のところですね。

患者の増加に対応できなくなるであろう NHS が、何かを「意図する」というのは、やや文脈的に違和感があります。

　それをヒントに、この meaning は ..., which means と同義なのではないか、すなわち、the NHS will...handle it の全体を意味上の主語とする分詞構文ではないかと判断したいところです。

　meaning の後ろに続く「意味する」内容は、are likely to と not just A but also B as well の解釈がポイントになります。

> **訳** 端的に言うと、もしあまりにも多くの人が一度に深刻に健康を害することになると、国民保健サービスはそれに対応できなくなり、それはつまり、より多くの人がコロナウイルスだけでなく他の病気で亡くなる可能性も高まることを意味します。

　スピーチを読む（2）──アーノルド・シュワルツェネッガー

　英国首相のボリス・ジョンソン氏のスピーチを扱いましたので、続いて、アメリカのハリウッド俳優で元カリフォルニア州知事でもあるアーノルド・シュワルツェネッガー氏のスピーチも取り上げてみましょう。2021 年に連邦議会議事堂前で起きた衝撃的な暴動事件を受けて公開されたビデオメッセージの一部です。

2. シュワルツェネッガーのメッセージ

₁I believe, as shaken as we are by the events of recent

days, we will come out stronger because we now
understand what can be lost. ₂We need reforms, of
course, so that this never ever happens again. ₃We
need to hold accountable the people that brought us to
this unforgivable point. ₄And we need to look past
ourselves, our parties, and disagreements, and put our
democracy first.

Governor Schwarzenegger's Message

語注

- shaken：「衝撃を受けた」
- come out stronger：「（危機を乗り越えて）より強くなる」
- never ever：「何があっても絶対に…ない」
- look past ...：「…を無視する、重視しない」
- put ... first：「…を第一に考える、最優先する」

　暴動事件に警鐘を鳴らした上で、それでもアメリカはこの危機を乗り越えられる、というメッセージをアメリカの国民、そして世界の人々に強く訴える内容になっています。さすがはベテラン俳優といった感じの迫力のある名スピーチですので、実際にインターネット上で公開されている動画も視聴してみることをお勧めします。

　文法、語法の観点からポイントとなるところを見ていきましょう。第 1 文では as shaken as we are by the events of recent days で as の譲歩の構文が用いられていることに注意が必要です。(as) C as SV という特殊な語順によって

「S は C であるにもかかわらず」という逆接の意味を表す用法で、アメリカ英語では今回のように C の前に as を置くパターンがよく見られます。

　第 2 文はシンプルですが、so that 以下が目的を表す副詞節になっていて「…のように、ために」という意味を表しているのを見落とさないように。

　第 3 文の動詞部分は hold O accountable「O に責任を果たさせる」という表現ですが、O が情報量の多さゆえに後置され、hold (V) accountable (C) the people that…(O) という語順になっていることに注意しましょう。need to hold accountable と続いた時点で、目的語が後置されている可能性に意識を向けられる読み方が理想です。

　また、that 節の brought us to this unforgivable point というのは、直訳すれば「私たち（の状況）をこのような許されないところまで持ってきてしまった」となりますが、「このような許されないレベルにまで事態を悪化させてしまった」というニュアンスを感じ取ることができます。

　第 4 文では look past ... and put ... という 2 つの動詞を、「政党や意見の不一致じゃなく民主主義を第一に考える」という一連の動作として表現していることを把握したいところです。なお、ここで用いられている past は「…を過ぎて、越えて」という意味の前置詞です。

> [訳] 私は信じています。ここ数日の出来事に衝撃を受けてはいても、今や失う恐れがあるものを理解したので私たちはこの危機を乗り越えてさらに強くなるだろうということを。もちろん、二度と絶対に今回みた

いなことが起こらないように改革は必要です。このように許しがたいレベルにまで事態を悪化させてしまった人の責任は追及しなければなりません。そして、自分自身や政党、意見の不一致にこだわるのではなく、民主主義をまず第一に考えなければなりません。

　ここまで、政治家と元政治家のスピーチを確認してきましたが、最後に、こういったスピーチを学習に用いる際のポイントをまとめておきましょう。

　政治的なメッセージをふくむスピーチは、大多数の人に向かって誰もが納得のできる言葉で語りかけねばならないので、分かりやすく明確に話すという特徴があります。また、スピーチがうまい人であれば、内容が盛り上がるところでは抑揚をつけたり、言葉を強く心に響かせたいときには間を取ったりと、パラ言語的な手法も巧みに用います。

　政治的なスピーチの原稿や書き起こしを読む際には、ぜひ実際のスピーチの動画や音声とセットで取り組んでみて下さい。音声面での英語力強化につながるのはもちろんのこと、各々の表現に込められた意図が見えてきて、使用されている言葉に対する理解も深まるのではないかと思います。

学者のスピーチ──ウィリアム・ジェームズ

　次は少し時代がさかのぼりますが、専門家の演説に取り組んでみましょう。心理学の父と呼ばれ、プラグマティズムの思想でも知られる哲学者ウィリアム・ジェームズが教員たちに向けて行った演説からの抜粋です。

引用箇所は非常に平易な具体例による説明なので、内容が難しいということはないと思います。

3. 聞く際、読む際に起きていること

1For example, when we listen to a person speaking or read a page of print, much of what we think we see or hear is supplied from our memory. 2We overlook misprints, imagining the right letters, though we see the wrong ones; and how little we actually hear, when we listen to speech, we realize when we go to a foreign theatre; for there what troubles us is not so much that we cannot understand what the actors say as that we cannot hear their words. 3The fact is that we hear quite as little under similar conditions at home, only our mind, being fuller of English verbal associations, supplies the requisite material for comprehension upon a much slighter auditory hint.

William James (1899) *Talks to Teachers*

語注
- misprints：「誤植」
- verbal associations：「言葉の連想」
- requisite：「必要な」
- auditory hint：「耳から入ってくるヒント（となる情報）」

第 1 文は when 節が a page of print で終わり、その後に

主節が続きます。まずは、ここを much of what we think we see or hear（S）is supplied（V）と正しく把握するのがポイント。「見えている、聞こえていると思っても、実は結構、記憶から補われている」という趣旨ですね。

第 2 文で overlook「見落とす」と視覚の話が続くのを見て、これが第 1 文の see に対応するということを把握できれば、この後に聴覚に関係する内容がくるかもしれない、と予測できるでしょう。この予測があれば、文の後半で how little we actually hear という形が出てきても、特に驚くにはあたりません。

内容的に視覚から聴覚に切り替わっているので、ここからは別の節が始まるのだろうと判断し、how...hear が恐らくは節の主語になっているのだろうと考えつつ読んでいくことになります。

ところが、コンマ（,）で挟まれた when 節が終わるところで出てくるはずの述語動詞が出てこず、we realize という SV の形が登場するので、この文は SVO の O が前置され、OSV の語順になったものだと結論づけることができたかどうか。O が前置されている理由は、O を何らかの他のものと対照させる OSV の機能と関係しています。

この文章は、第 1 文で導入した、see と hear、つまり、視覚と聴覚のそれぞれにおいて記憶から補っている部分が多い、という命題について、第 2 文でその具体例を順番に述べている形になっています。前半で視覚が記憶に補われている例を挙げた後、後半で聴覚の話に移る際に前の視覚と対比させるため、この OSV の語順が選択されたと考えられます。

[第 1 文から第 2 文以降への展開]

For example, when we listen to a person speaking or read a page of print, much of what we think we see or hear is supplied from our memory.

We overlook misprints, imagining the right letters, though we see the wrong ones;
and
how little we actually hear, when we listen to speech, we realize when we go to a foreign theatre;...

　しかし、聴覚についての例は「海外の劇場に行ったときに分かる」とだけ言われても判然としないので、さらにその説明が ...; for「というのも」という形で続いていきます。

　第 3 文以降は、内容的にも大変示唆に富むものになっています。quite as little「同じだけ少なく」は、第 2 文の「海外の劇場でと同じだけ」ということですね。比較の対象は省略されていますが、under similar conditions at home と when we go to a foreign theatre という、2 つの状況が比較されているということをつかみ、at home は「自国で」というくらいに解釈したいところです。

　後半の only 以下が難しいところ。この only は等位接続詞的な用法で「ただ…」を表していますが、高校までの文法学習では見落としがちな点です。being...associations をコンマ（,）をヒントに分詞構文が挿入されたものだと判断すれば、our mind (S) supplies (V) the requisite material (O) という骨格となる形が見えてきます。

　ちなみに only 以降に登場する fuller と much slighter という 2 つの比較級も、海外や外国語との比較で用いられているものです。英語の言葉の連想が（外国語よりも）豊富なので、耳から入ってくるヒントが（外国語よりも）はるかに少なくても必要な情報を補える、と言っているわけです。

　まさにリスニングにも読解力が役に立つという、第 1 章〜第 2 章の内容を裏付けるような指摘です。

> **訳**　たとえば、人が話しているのを聞いたり印刷されたものを読んだりする時、見たり聞いたりしていると思っているもののかなりの部分が記憶から補われています。誤植を見落とすのは誤った文字を見ているのに正しい文字を想像してしまうからです。そして、話を聞く時に、実はいかに聞いていないかについては海外の劇場に行けば分かります。というのも、そこで問題になるのは役者たちが言っていることが理解できないということではなく、むしろ、言葉が聞こえない、ということだからです。実は自国でも同様の場面では同じくらい聞こえていません。ただ、私たちの頭には英語に関する連想がより豊富に蓄えられているので、はるかに少ない聴覚情報からも理解に必要となる部分を補えてしまうのです。

学者のインタビュー──バートランド・ラッセル

　さて、次は 20 世紀の代表的な哲学者バートランド・ラ

ッセルが、1000年先の世代に自分の言葉が届くとしたら
何を伝えたいかと問われて、答えた内容です。インタビュ
ーの中で口頭にて発せられたものですが、論理的な文章の
構成法のお手本のような形になっています。

4. 将来の世代へのメッセージ

1I should like to say two things, one intellectual and one moral. 2The intellectual thing I should want to say is this: When you are studying any matter, or considering any philosophy, ask yourself only what are the facts and what is the truth that the facts bear out. 3Never let yourself be diverted either by what you wish to believe, or by what you think would have beneficent social effects if it were believed. 4But look only, and solely, at what are the facts. 5That is the intellectual thing that I should wish to say. 6The moral thing I should wish to say is very simple. 7I should say love is wise, hatred is foolish. 8In this world, which is getting more and more closely interconnected, we have to learn to tolerate each other, we have to learn to put up with the fact that some people say things we don't like. 9We can only live together in that way and if we are to live together and not die together we must learn a kind of charity and a kind of tolerance, which is absolutely vital to the continuation of human life on this planet.

Bertrand Russell (1959) Face to Face, BBC Interview

語注

- philosophy：「（学問としての）哲学」というより「ものの見方」くらいの意味。
- bear out：「…を裏付ける」
- beneficent social effects：「よい社会的影響」

　まず、第1文で「言いたいこと」を two things と表明し、それぞれに、intellectual「知的な」と moral「道徳的な」という簡単な説明を加えています。

　3.2 節の時事英文で扱った、最初に全体像を示してからそれを具体的に展開する、という Whole Part 法の形はここでも活用されていて、この第1文が全体の要約的なものとして先の展開を予測させる役割を果たしています。

　one intellectual and one moral とあるのだから、まずは intellectual なことについての話が出てくるのだろうと予想しつつ次の文に目をやり、The intellectual thing I should want to say という主語を見て予想が正しいことを確認しましょう。

　ここで先に全体像を俯瞰して確認しておきたいと思った人は、intellectual の話が終わり、トピックが moral のほうへと移行する場所に目を走らせてもいいでしょう。5文目に That is the intellectual thing that I should wish to say とあり、intellectual のトピックがここで終わることを示すサインと考えられます。その次の6文目が、The moral thing I should wish to say... という形で始まっていることから、5文目までが intellectual のトピック、6文目以降が moral のトピックだと判断することが可能です。

つまり、細かく１つ１つの文を読み解く前に、先に以下のような構造を読み取ることが可能なのです。

［文章の構成］

I should like to say two things , one intellectual and one moral.

The intellectual thing I should want to say is this. ...That is the intellectual thing that I should wish to say.

The moral thing I should wish to say..., which is absolutely vital to the continuation of human life on this planet.

　それでは１つ１つの文の細部にも目を向けていきましょう。まずは全体として、should が would と同義で用いられていることに注意が必要です。

　第２文では this「次のこと」という代名詞を使って一度節を区切り、その後 this の内容が説明される形になっています。When 節がひと区切りつく any philosophy の後にいきなり ask yourself という形が出てくることから、主節が命令文になっていることを確認しましょう。

　第３文も引き続き命令文の形が続きますが、今度は否定になっていますね。let ○ 原形動詞「○ が…するのを許す」の否定形なので、「自分自身が…するのを決して許すな」という意味になります。…に当たる部分は、be diverted「注意をそらされる」となっていて、その注意をそらす要因が、either A or B の形で２つ並べられています。

　1つ目の what you wish to believe「あなたが信じたいこと」は易しいですが、2つ目の what you think would have beneficent social effects if it were believed.「もし信じられたら社会に恩恵をもたらすだろうとあなたが思うこと」は、連鎖関係詞節の形になっていて少し複雑ですね。ここでは、自分が信じたいものや人々が信じれば社会にプラスになると思うものに気をそらされるな、と言っています。

　第4文の先頭の But は、第3文の Never「決して…するな」を受けたものとなっているので、not A but B「Aではなく B」の応用と考え、「そうではなく」と解釈しましょう。

　第6文以降でトピックが moral のほうに移ってからは、文の構造は比較的シンプルなものが続きます。第7文の love is wise, hatred is foolish「愛は賢明で憎しみは愚か」というのはかなり漠然とした言い方なので、具体的にラッセルがどういうことを言おうとしているか、第8文以降に目を向けると、世界の結びつきが密接になっていく中で他を受け入れる寛容さを持て、と語り掛けていることが見えてきます。

　ここの ..., which is getting more and more closely interconnected は、単に this world を説明するだけでなく、「だんだん結びつきが深くなっているので」という、理由のニュアンスも込めた表現になっていると判断できるでしょう。

　第9文の前半は、only が in that way を修飾し、「そうすることによってのみ→そうやって初めて」という意味になっていること、後半は if 節中で意図を表す be to、主節でそれに呼応する must が用いられ、「もし…しようとする

なら〜しなければならない」を表現する典型的な形になっていることを読み取りましょう。最後の ...,which は、そこまでの主節の内容全てを受けたものと考えられます。

> **訳** 2つのことを言いたいと思います。1つは知性に関すること、もう1つは道徳に関することです。知性に関して言いたいのはこういうことです。何かを研究している時、あるいは何かしらのものの見方を考察している時、事実は何か、事実によって裏付けられている真実は何かということだけを問うようにして下さい。自分が信じたいこと、もし人々が信じれば社会によい効果をもたらすだろうと思うことのいずれにも惑わされないで下さい。そうではなくただ事実が何かだけに目を向けて下さい。これが私が伝えたい知性に関することです。道徳について言いたいことは非常にシンプルです。愛は賢明であり、憎悪は愚かである、ということです。この世界はますます互いの結びつきが深まっているので、お互いを容認できるように、中には自分たちが気に入らないことを言う人もいるという事実と折り合いをつけられるようにならなければなりません。そうやって初めて共存することができます。共存したい、共倒れになりたくないと思うのなら、ある種の慈しみの精神、寛容の精神を学ばねばなりません。それがこの星で人類が存続していくのに絶対不可欠なのです。

19〜20世紀の英米を代表する学者のスピーチとインタ

132

ビューを見てきましたが、そのまま印刷物にしても違和感がないくらいしっかりとした文章だったと思います。内容のあるものを聞いて理解するためには読解力が必要だということを改めて感じることができたのではないでしょうか。

4.2
論文やノンフィクションの文章

言語の変化に関する論説文

前節ではスピーチやインタビューなど、もともと口頭で発せられた言葉を題材としてきましたが、ここからは書物を対象とし、主に 20 世紀を代表する名文家たちの文章をいくつか取り上げていきたいと思います。

まずは言語に関する古典的名著として知られる、エドワード・サピアの *Language*（『言語』岩波文庫）から、言葉の変化について言及している部分を読んでみましょう。

1. 言語の可変性

₁Every one knows that language is variable. ₂Two individuals of the same generation and locality, speaking precisely the same dialect and moving in the same social circles, are never absolutely at one in their speech habits. ₃A minute investigation of the speech of each individual would reveal countless differences of detail—in choice of words, in sentence structure, in the relative frequency with which particular forms or combinations of words are used, in the pronunciation of particular vowels and consonants and of combinations of vowels and consonants, in all those features, such as speed, stress, and tone, that give life to spoken language. ₄In a sense they speak slightly divergent dialects of the same language rather than identically the same language.

Edward Sapir (1921) *Language*

語注

- variable：「可変的な、変わりやすい」
- social circles：「社会集団」
- at one：「一致した」
- minute：「つぶさな、詳細な」
- vowel：「母音」
- consonant：「子音」
- stress：「強調の置き方」
- in a sense：「ある意味では」
- divergent：「異なった」

　第1文は variable の意味が分かれば難しくないでしょう。

　第2文は、コンマ（,）で挟まれた挿入部分を一度カッコにくくって、Two individuals of the same generation and locality (S) are (V) never absolutely at one (C) という構造をしっかりと捉えましょう。

　第3文はまず、A minute investigation of the speech of each individual would reveal... のところで力が問われます。

英語の構造どおりに日本語にすれば「個々人の言葉の詳細な調査は…を明らかにするだろう」となりますが、人ではなくモノを主語とする英語らしい表現形式です。A minute investigation を「細かく見ること」くらいに動的に捉え、「個々人の話し方を細かく見れば、…が明らかになるだろう」というような解釈をすると、より日本語らしい訳になりますね。

　次の難関はダッシュ（—）に続く前置詞句の並列です。countless differences of detail「無数の細かい相違点」が具体的にどのような側面に現れるかを、以下の5つの in が従える前置詞句が説明しています。

1.　in choice of words：単語の選択で

2.　in sentence structure：文の構造で

3.　in the relative frequency with which particular forms or combinations of words are used：特定の語形や語の組み合わせが用いられる相対的な頻度において

4.　in the pronunciation of particular vowels and consonants and of combinations of vowels and consonants：特定の母音や子音あるいはその組み合わせの発音の仕方において

5.　in all those features, such as speed, stress, and tone, that give life to spoken language：話し言葉に息を吹

き込む話す速さや強調の置き方、トーンなどといっ
　　たあらゆる側面において

4つ目の句では、of という前置詞をヒントに、

of particular vowels and consonants
and
of combinations of vowels and consonants

という並列関係を捉えること、5つ目の句では all those
features の those、また、コンマ（,）の位置に注目して、
that give life... という関係代名詞節が all those features を
修飾していることを見抜きましょう。
　　第4文は構造的には難しくないですが、同じ国、地域、
社会集団に属する人であっても、少しずつ言葉が違うとい
う文章全体の趣旨を強調するために、1人1人がそれぞれ
に方言のようなものを話しているという、やや極端にも思
える説明の仕方をしているということを感じ取りたいです
ね。文頭にある in a sense は「…のような見方もできる」
と留保をつけるための表現であり、このフレーズが使われ
ると後ろにはやや強めの主張がくることが多いです。

　　訳　言語が可変的なものであることは誰もが知って
　　いる。同じ世代、地域で、同じ方言を話し、同じ社会
　　集団の中で活動していても、言語習慣が完璧に一致す
　　るということはない。個々人の話し方を詳細に見れば、
　　無数の相違点が明らかになるだろう。単語の選択や文

の構造、特定の語形や組み合わせを用いる相対的な頻度、特定の母音や子音の発音、あるいは母音と子音の組み合わせの発音、さらには、話す速さや強調の置き方、声のトーンなどといった、話し言葉に息を吹き込んでいるあらゆる側面に違いが出る。全く同一の言語というよりも同じ言語のほんの少し異なる方言を話していると言えるかもしれない。

文法家の論説文

　さて、上で取り上げたサピアは人類学的な視点での言語研究の先駆けとなった人物ですが、次はまた違った視点として、いわゆる文法家の文章を読んでみましょう。

　題材とするのは 20 世紀初頭に活躍し、21 世紀になって書かれた文法書や文法辞典でも必ずと言ってよいほど言及されている英文法の大家オットー・イェスペルセンの *The Philosophy of Grammar*（『文法の原理』岩波文庫）です。

　文法家と言うといかにも難しい専門書を思い浮かべる方もいるかもしれませんが、言語一般について述べた導入部からの抜粋なので、特別な予備知識は必要ないと思います。

2.　言語の本質とは

₁The essence of language is human activity — activity on the part of one individual to make himself understood by another, and activity on the part of that other to understand what was in the mind of the first.

₂These two individuals, the producer and the recipient of language, or as we may more conveniently call them, the speaker and the hearer, and their relations to one another, should never be lost sight of if we want to understand the nature of language and of that part of language which is dealt with in grammar.

Otto Jespersen (1924) *The Philosophy of Grammar*

語注

- **on the part of ...** :「…の側の、…による」
- **recipient** :「受信者、受け手」
- **lose sight of...** :「…を見失う」

　語彙的には易しいと感じるかもしれませんが、文法、構文的にはポイントとなるところが多く、勉強にはうってつけの英文です。

　第1文のダッシュ（—）以降は直前の human activity を詳しく説明した形になっています。英語らしい名詞句をうまく活用した説明です。

　on the part of... というのは、行為や動作を表す名詞の主体、つまり、「誰がやっているのか」を表現するためによく用いられる前置詞句で、ここでは activity の主体を説明しています。つまり、activity on the part of one individual というのは「ある人間による活動」ということですね。

　しかし、これだけでは「どういう活動なのか」が分からないため、後ろに説明を期待すると、予想どおり to... と「活動」の中身を説明する to不定詞 句が出てきます。

　ここがしっかりと読めてしまえば、この部分が言葉を話す側の活動を説明したものであること、さらに、後半部では同じ構造を用いて話を聞く側の活動を説明しているということに気づくのも難しくはないでしょう。that other と the first は当然、前半の another と one individual を受けたものになります。

[ダッシュ（―）以下の名詞句の構造]

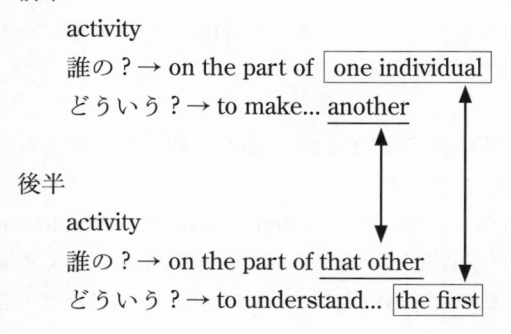

第 2 文は These two individuals「これらの 2 人」という言葉から始まるため、それに続く the producer and the recipient of language「言語の発信者と受信者」という言葉が、第 1 文に登場した前半の人物と後半の人物を受けていることは容易に見抜けるはずです。of language が producer と recipient の両方を修飾している点に注意しましょう。

　さらにその後に続く箇所も、「発信者と受信者」というやや大げさな言葉を、the speaker and the hearer「話し手と聞き手」というより聞き慣れた言葉で言い換えているの

ではないか、ということは何となく読み取れるでしょう。

　ただし、as we may more conveniently call them の部分は厳密に理解しようとすると少し難しいですね。この as は関係代名詞に類するもので、しかも、後ろの the speaker and the hearer を修飾しています。「話し手と聞き手」という言葉を使うことに対し、「…と、私たちはより便宜的に呼んでもよいだろう」と説明を追加するものですね。

　As is often the case with him, he didn't come on time.
　訳 「彼にはよくあることだが、時間どおりに来なかった」

のように、関係代名詞的な as は後ろに続くものを先行詞とすることができます。

　この言い換えの後、さらに and で their relations to one another という名詞句が並べられて、そこでようやく述語動詞となる should never be lost sight of という形が出てきます。These two individuals..., and their relations to one another (S) should never be lost sight of (V) という構造をしっかり捉えましょう。

　後半の if 節では目的語のところで、the nature に続く of をヒントにして、of language and of that part という並列構造をしっかりと押さえることが大切です。同時に、that part 「その部分」と言うからには「どの部分か?」と疑問を持って、後ろに続く which 節とのつながりを確認しましょう。この that は関係代名詞節の先行詞に付く「先行詞明示」と呼ばれる機能の that です。

訳 言語の本質とは人間の活動である。すなわち、一方から見れば自分の考えを別の人間に理解させるという活動であり、相手の側から見れば1人目の頭の中に何があったのかを理解するという活動である。これら2人の人間、すなわち、言語の発信者と受信者、便宜上、話し手と聞き手と呼んでもよいだろうが、これら2人の人間のお互いの関係は、言語の本質と言語のうち文法の中で扱われる側面の本質を理解したいならば見失うべきではない。

社会科学を扱った文章

　次は社会科学的なテーマとも関わる英文です。『1984年』などのディストピア小説で知られるジョージ・オーウェルがナショナリズムについて書いた文章を取り扱います。

　ナショナリズムとは言っても狭義での「国粋主義」としてのナショナリズムではなく、人間をあちらとこちらに分け、自分の属するこちら側をひいきし、あちら側を敵視する姿勢のことです。

3.　ナショナリズムとは

₁All nationalists have the power of not seeing resemblances between similar sets of facts. ₂A British Tory will defend self-determination in Europe and oppose it in India with no feeling of inconsistency.

₃Actions are held to be good or bad, not on their own merits but according to who does them, and there is almost no kind of outrage – torture, the use of hostages, forced labour, mass deportations, imprisonment without trial, forgery, assassination, the bombing of civilians – which does not change its moral colour when it is committed by 'our' side.

George Orwell (1945) "Notes on Nationalism"

語注

- **Tory**：「保守党の人、保守的思想の人」
- **outrage**：「非道な行為」
- **mass deportations**：「大量の国外追放」
- **moral colour**：「道徳的な意味合い」
- **'our' side**：「『自分たちの』側」

　第1文の have the power of not... 「…しない力を持っている」というのは皮肉です。実際は、「…できない」ということですが、その程度がひどいためにあえてそれを肯定的な能力であるかのように表現しているわけですね。

　第2文は、A British Tory「イギリスの保守党の人」とかなり具体的な名詞から始まるため、第1文で言及された「同様の事実の間にある共通点を理解できない」ということの具体例のような内容がくるのではないかと予想しながら読み進めましょう。

　そうすると、defend self-determination in Europe という表現が続くので、なるほど、では場面が変わったら self-determination を擁護しないのかなと予想できますね。この予想があれば、oppose it in India というフレーズもすんなりと頭に入ってくるでしょうし、with no feeling of inconsistency が defend... and oppose... をまとめて修飾していることも問題なく理解できるでしょう。

　第３文は、また少し一般性の高い内容に戻り、あちら側に対してこちら側をひいきする姿勢が説明されます。後半の and 以下はサラッと理解できたでしょうか。このタイプの文では、there is almost no kind of outrage「いかなる種類の非道な行為もまずない」まで読んだところで、後ろから関係代名詞節などを使った限定がくるだろう、と予測できているかどうかがポイントになります。なぜ、そんな予測ができるのか、少し説明しましょう。

英語の言語的特徴から考える

　日本語では述語動詞が最後まで登場しないため、文の骨格が完成する時には全ての文意が明らかになっていることが多いのですが、英語は先に文の骨格を表現し、後置修飾で説明を加える構造になっています。

　非常に漠然とした幅広い概念を先に表現し、それに後から限定する説明を加えることで、意味のある内容を組み立てていくということです。したがって、文の骨格までを読んだ時に、日本語話者の感覚で「漠然としすぎていて、必ずしも言う意味が分からない」とか「主張の幅が広すぎてありえない」と感じられる場合には、それは後ろに限定的な説明が続くサインだということです。

　今回の場合も、there is almost no kind of outrage「いか

なる種類の非道な行為もまずない」で骨格は完成するわけですが、これでは明らかに主張の幅が広すぎて、現実世界の経験と照らしても歴史の知識と照らしても矛盾します。

言い換えると、「非道な行為」に何かそれを絞るような条件がつかないと、この文は意味をなさないということになってしまいます。こういう発想があるからこそ、no kind of outrage まで読んだ時点で、後ろの which にすぐに意識を向けることができるのです。

今回の例では、後ろから限定がつくということだけでなく、その限定の内容もある程度予測できるかもしれません。おそらく「立場によって解釈が左右されない」といった内容が続くのではないか、と考えながら読めていた人は、かなり英語の読みが体得できていると言えるでしょう。ダッシュ（―）で囲まれた部分は kind of outrage の具体例を挙げているものになっています。

最後に、この第3文を訳す際の工夫ですが、上述の日・英語の違いから後置修飾句の情報量が多い英文をそのまま日本語に直そうとすると、文の骨格が見えるまでが非常に長い、なかなか息のつくことができない訳文になってしまいがちです。そのため、「…しない〜はない」の「…」の部分を最後に持っていくような訳し方が望まれます。どう訳すのが最善か、訳例も参考にしながら考えてみて下さい。

〔訳〕 ナショナリストが共通して持っている特技は、同様の事実の類似点に目をつぶっていられるということだ。イギリスの保守党の人間は、ヨーロッパでは自決権を擁護しつつ、インドではそれに反対しても、何

ら矛盾を感じないものだ。行動の良し悪しはそれ自体の価値ではなく、誰がそれをやっているのかに基づいて判断される。拷問であれ、人質の利用であれ、強制労働であれ、国外追放であれ、裁判を経ずしての投獄であれ、詐欺であれ、暗殺であれ、民間人の爆撃であれ、どのような非道な行為であっても、それをやっているのが「こちら側」の人間である場合には、その道徳的な意味合いが変わってしまうのだ。

哲学的文章

　今度は哲学の文章に目を向けてみましょう。近代最大の哲学者イマニュエル・カントの流れを汲みつつ、厭世的哲学を展開した19世紀ドイツの哲学者ショーペンハウアーのエッセイの英訳 *The Wisdom of Life*（『幸福について』光文社古典新訳文庫）から。

　難解なイメージがあるかもしれませんが、一般人でも共感できる幸福論的な側面が多く含まれています。以下に引用するのは人が他人の目をいかに気にしてしまう生き物であるかを説明している箇所で、その愚かな性（the folly of our nature）から生まれる3つの願望や姿勢について語っています。

4.　自負心と虚栄心

₁The folly of our nature which we are discussing puts forth three shoots, ambition, vanity and pride. ₂The difference between the last two is this: *pride* is an established conviction of one's own paramount worth in some particular respect; while *vanity* is the desire of rousing such a conviction in others, and it is generally accompanied by the secret hope of ultimately coming to the same conviction oneself. ₃Pride works *from within*; it is the direct appreciation of oneself. ₄Vanity is the desire to arrive at this appreciation indirectly, *from without*. ₅So we find that vain people are talkative and proud, taciturn.

Arthur Schopenhauer (1890) *The Wisdom of Life*

語注

- shoots：「新芽」
- vanity：「見栄、虚栄心」
- established：「確固たる」
- paramount：「最高の」
- rouse：「…を起こさせる」

　第 2 文の the last two は前に出ている 3 つのうち、「後ろの 2 つ」ということ。this はコロン（:）以下の内容と呼応しています。「後ろ 2 つの違いはこうだ」とでも訳しましょう。

　コロン（:）に続く部分が *pride* から始まっていることから、後に vanity の説明が続くだろうと予想しつつ読んでいくと、セミコロン（;）があり、対比を表す接続詞のwhile が登場します。

　vanity の説明となっている while 節では rousing such a conviction in others の訳し方に少し工夫が必要です。「他人の中にそのような確信を呼び起こす」というのは、要するに「他人にそのように確信させる」ということ。第 3 文も第 2 文の最初のコロン（:）の後と同様、pride から始まっています。このあたりから文章の構成を意識しておきたいところです。

　今回の英文のように、2 つのものを比較してその相違点を論じるタイプの文章では、比較の対象となるものを軸に説明するケースと、相違点を軸に説明するケースがあります。前者のケースでは、比較対象のうち 1 つを全て説明してから、もう 1 つの対象の説明に移るのに対し、後者のケースでは各パートごとに 2 つの対象を比較してその違いを明確にします。今回の英文は明らかに後者のパターンで、それぞれのパートが「pride はこうだが vanity はこうだ」という構造になっていることに注意しましょう。

　第 2 文では 1 つの文の中で、pride と vanity の両方が説明されていました。その次のパートでは、pride の説明が第 3 文で、vanity の説明が第 4 文で行われる形になっています。

　この 2 文では、direct と indirectly や、*from within* と *from without* といった、明らかに対比を意識した語句の使い方がされていることにも目を向けておきたいところです。ここまでの比較対照の構造が見えているかどうかが、第 5 文の理解にも影響します。

　第 5 文は短い文ですが、深く考えずに読むと、最後にある talkative and proud, taciturn のところで形容詞的な単語

が並んでいるため、「話し好きで誇り高く、しかも寡黙」のようにつなげて読んでしまいがちです。しかし、ここまでの対比の構造を考えるなら、この部分が vain people の説明だけで終わるのはやや違和感を覚えるのではないでしょうか。加えて、「話し好き」と「寡黙」は矛盾する概念であること、and が proud の後ではなく前にあることなどを考えてみてもこの解釈は厳しいものがあります。

　こういった考えから、ここは and という等位接続詞を軸にして同じ構造の節が続くために、後半の節で前半と共通の要素が省略された形（proud ~~people are~~ taciturn）ではないか、と気づけたかどうかがポイントになります。

[文章の構成]

The folly of our nature which we are discussing puts forth three shoots, ambition, vanity and pride .

... *pride* is an established conviction of one's own paramount worth in some particular respect; while *vanity* is the desire of rousing such a conviction in others, and it is...

Pride works *from within*; it is the direct appreciation of oneself. **Vanity** is the desire to arrive at this appreciation indirectly, *from without*.

So we find that vain people are talkative and proud, taciturn.

148

実線は⟨pride⟩、点線は│vanity│を表現しています。このように図式化してみると、第 2 文以降、全ての箇所で pride と vanity が対比されているのが明確になりますね。

> **訳**　ここで論じている人間の愚かな性がたねとなって 3 つのものが生じる。野心と虚栄心と自負心だ。後ろの 2 つの違いはこうだ。自負心はある特定の点で自分が圧倒的な価値を持っているということに対するゆるぎない信念であるが、虚栄心は他人にそのように思わせたいという願望であり、たいてい最終的には自身もそう確信したいというひそかな願望を伴っている。自負心は内面からくるもので、自分自身に対する直接的な評価である。虚栄心はそのような評価に間接的に外部から至りたいという願望である。したがって、虚栄心の強い人はよく話すが、自負心のある人は寡黙ということになる。

読みやすいものから読み進める

さて、ここまで人文系の論説文を 3 種類（1., 2., 4.）と社会科学系の論説文を 1 種類（3.）読んできました。

ここで引用した英文は 4 つともさほど背景知識などは必要なく、また内容の抽象度も際立って高いものではなかったと思いますが、全体の傾向として見ると人文系の文章よりも社会、政治系の文章のほうが社会の構造や政治、経済のシステムに対する前提知識がないと難しいものが多いと言えるでしょう。

一方、人文系の中には一部の哲学や思想の文章のように極めて抽象度が高いものや、文構造が相当に複雑なものも存在します。

そのため、たとえば抽象度が高い思弁的な文章が好きな大学生なら人文系の文章のほうが取り組みやすいと感じるかもしれませんし、新聞やニュースに日々目を通しているというビジネスパーソンなら、社会、政治、経済系の文章のほうが面白いと感じられるかもしれません。

伝記を読む

上の4つの文は程度の差こそあれ、いずれも評論調で何かを論理的に記述、説明、分析しようという文章でした。

しかし、ノンフィクションの文章全てが評論調というわけではありません。たとえば、伝記などは事実を記したノンフィクションに属する文章ですが、逸話の描写なども多く含んでいて、小説を思わせるような文体となることもあります。

フィクション的要素を楽しむ——ダーウィンの自伝

以下では進化論の提唱者として知られているチャールズ・ダーウィンの自伝作品からの抜粋を2つ続けて扱います。上の4つとはまた異なるタイプのノンフィクションの文章を味わってみて下さい。

5. 母の記憶

₁My mother died in July 1817, when I was a little over

eight years old, and it is odd that I can remember
hardly anything about her except her death-bed, her
black velvet gown, and her curiously constructed work-
table. ₂I believe that my forgetfulness is partly due to
my sisters, owing to their great grief, never being able
to speak about her or mention her name; and partly to
her previous invalid state.

Charles Darwin (1887) Autobiographies

語注

- **death-bed**：「死の床、臨終」
- **work-table**：「作業台」
- **forgetfulness**：「忘却」
- **owing to...**：「…のせいで」
- **invalid**：「病弱な、病身の」

　第 1 文は and を境にして前半と後半に分かれています。
後半では it...that の形式主語構文、except... の「…を除い
て」などに注意しましょう。
　第 2 文はポイントが多い文です。my forgetfulness を
「私の健忘症」などとはしないようにして下さい。ここの
forgetfulness は「忘れた状態」という意味で使っており、
もちろん、ここでは具体的に「母親のことを覚えていない
こと」を指しています。
　partly due to my sisters と続きますが、「母のことを覚え
ていない」理由が「姉たち」というのではよく分かりませ
んから、「姉たち」がどうだったのか、この後にさらに説

明が続くのではないかと予想したいところ。この予想があれば、owing to...grief を挟んで never being able to... という表現が出てきた時に、これが my sisters を意味上の主語とする動名詞句であるということがスムーズに理解できるはずです。

　最後に続く、and... の部分は、partly と to という前置詞から、due につながるものであるということを見抜きましょう。もちろん、her previous invalid state の her は「母親」を指しています。

> 訳　母は 1817 年 7 月、私が 8 歳になってまもなくの頃に他界したが、臨終の時のことや黒いビロードのガウン、彼女の面白いつくりの作業台以外、ほとんど何も思い出すことができないのは奇妙だ。思うに、このように忘れてしまっている理由としては、1 つには姉たちが深い悲しみのあまり母のことを語ったり、名前を出したりすることが全くできなかったこと、またもう 1 つには母が亡くなる前から病弱だったことが挙げられるだろう。

　次はダーウィンが 10 代後半にケンブリッジ大学に在籍していた時の逸話です。父は彼を牧師にするためにケンブリッジ大学に入れましたが、ダーウィンは昆虫の採集に傾倒しました。その熱意の度合いを説明したエピソードです。

6.　昆虫への熱意

₁I will give a proof of my zeal: one day on tearing off
some old bark, I saw two rare beetles and seized one in
each hand; then I saw a third and new kind, which I
could not bear to lose, so that I popped the one which I
held in my right hand into my mouth. ₂Alas it ejected
some intensely acrid fluid, which burnt my tongue so
that I was forced to spit the beetle out, which was lost,
as well as the third one.

Charles Darwin (1887) *Autobiographies*

語注

- **tear off ...**：「…をもぎ取る、引きはがす」
- **bark**：「樹皮」
- **bear** (**to 不定詞**)：「…することに耐える」
- **alas**：「ああ、悲しいかな」
- **acrid**：「鼻をつくような」

　第 1 文、「熱意の証拠を話す」と言った後のコロン（:）
は具体的内容を示すというサイン。

　in each hand の後ろのセミコロン（;）は then をサポー
トし、...; then で ...and then に近い意味になっています。2
匹の虫を手に持った状態で、3 匹目、しかも新種を見つけ
てしまい、その結果どうしたか、後半の ..., so that... 節が
それを表現しています。

　popped「ひょいと投げ込んだ」とあるからには、どこに

投げ込んだのかと考えて、popped と into my mouth のつながりを見極めましょう。3匹ともどうしても逃したくないので、1匹を口に投げ込んだダーウィンでしたが、悲劇が襲います。

　第2文では口に投げ込んだ虫が何をしてどうなったかを、which 節、so that 節、which 節が順番に説明していく形になっています。論理的な説明というよりは、むしろ時系列的な描写の側面が強いですね。最終的に吐き出した虫について、which was lost「見失ってしまった」と説明し、かつ、as well as the third one「3匹目の虫だけでなく」という表現を加えることで、虻蜂取らずのような状態になった情景を思い浮かべることができます（左手に持っていた虫は逃さなかったのかも）。

> **訳**　どれくらい私が熱中していたかの証拠がある。ある日、古い樹皮をはいだところ、2匹の珍しい甲虫が出てきて、双方の手でそれぞれ1匹ずつ捕まえた。その後、3匹目の見たことがない種を見つけ、どうしても捕まえたかったので、右手で持っていたほうの虫を口の中に放り込んだ。そうしたら、ああ、なんとその虫が口の中できつい体液を出し、舌に激痛を感じた私は耐えきれなくなって吐き出してしまい、結局、その虫も3匹目も逃してしまった。

　いかがでしたでしょう。同じノンフィクションとは言っても、5. と 6. で扱った自伝の文章は構造的に組み立てて説明しようというものではなく、事実を回想とともに述べ

ている文章となっているので、読んだ際の感触も違ったかと思います。

　1.〜4. のような論説文を読む際には文章全体の構成や文と文の論理的関係を捉えることが重要でしたが、5. と6. のような文章ではむしろ、それぞれの文が表現する「動き」をしっかりとイメージしながら読んでいくことがポイントになるでしょう。後者は第5章で扱うフィクション作品を読む時の感じに近い要素があるかもしれません。この勢いで最後まで進んでいきましょう。

第5章

普段使いの英文解釈
―SNS、コミック、小説を読みこなす―

新聞を中心とした時事英文、ノンフィクションの文章と少し硬めの英文を扱ってきました。

　本章では、より日常生活に近いものとして、SNSや漫画、小説などに用いられる英語に焦点を当ててみたいと思います。内容的にはこれまでのものよりも具体的で入っていきやすいと思いますが、語学的観点からは日常語のほうが易しいとは限らないので、注意が必要です。

5.1
SNS の英語

SNS の英語も原則は同じ

　SNS の英語と聞くと、砕けた言い回し、略語、絵文字などを思い浮かべるかもしれません。もちろん、これらはインターネットや SNS には欠かせないコミュニケーション手段であり、実際、後で述べるように、SNS の普及以降、英語に様々な変化が起こったことも事実です。

　しかし、SNS やインターネット上のカジュアルな書き込みだからと言って、全てが特殊な略語や俗語で構成されているわけではないということは強調しておきたいと思い

157

ます。むしろ、第４章までに確認してきたような英語の原則を理解することが、SNSで英語の投稿を読む際にも重要なのです。

ツイートを読む（1）——マーク・ハミル

たとえば、以下のツイートを見てみましょう。「スター・ウォーズ」シリーズのルーク・スカイウォーカー役で知られる、マーク・ハミル氏のツイートです。

1. フェイスブックの批判

> ₁So disappointed that #MarkZuckerberg values profit more than truthfulness that I've decided to delete my @Facebook account. ₂I know this is a big "Who Cares?" for the world at large, but I'll sleep better at night.
>
> Mark Hamill (2020. 1. 13)

語注

- #MarkZuckerberg：「マーク・ザッカーバーグ」、フェイスブックの創設者です。
- a "Who Cares?"：「それで?/ だから?/ どうでもよくない？と感じる話」

一定の語数に収める必要のあるTwitterですから、確かに省略的な表現も見られます。第1文などは、文頭にI wasを補わないと主語と動詞がない形になってしまいますね。しかし、それ以降に目を向けると、非常に教科書的な

構造です。

　be disappointed that... 「…ということに失望する」という表現と、so...that の構文が重ねて用いられていて、最初の that 節が disappointed の理由を表す副詞節であり、2つ目の that 節が so disappointed の so に呼応して結果を表す that 節であるということをきっちり文法に則って理解しないと、お手上げになってしまいます。

　第 2 文では "Who Cares?" という疑問文が名詞化した形が出てきて、口語っぽいという印象を受けるかもしれませんが、それ以外は特別砕けた表現はなく、むしろ、the world at large 「世間一般」などの形式的な表現のほうが重要になるでしょう。

> 　訳　マーク・ザッカーバーグが真実よりも利益のほうを重んじるということにひどく失望したので、フェイスブックのアカウントを消しました。世間一般の人にとっては「それがどうした?」という話題であるのは承知ですが、おかげで夜は気分よく眠れます。

ツイートを読む（2）——スティーブン・キング

　続いてもう 1 つ、ツイートを例に挙げてみましょう。著名なアメリカの作家、スティーブン・キング氏がトランプ前大統領を批判した内容です。

2. トランプ前大統領の批判

Truth is to Trump what kryptonite is to Superman.

Stephen King (2020. 1. 11)

語注

• **kryptonite**：「クリプトナイト」、スーパーマンの弱点とされる物質

短い1文ですが、学校で習う文法の代表格とでも言える A is to B what C is to D 「AとBの関係は、CとDの関係と同じだ」が使用されているのが分かりますね。

DCコミックスの『スーパーマン』やそれを原作とする映画を観たことがある人はご存じかもしれませんが、スーパーマンの力を無効化するクリプトナイトになぞらえることで、トランプ氏が真実を軽視する姿勢を揶揄したツイートです。

訳 トランプにとっての真実とは、スーパーマンにとってのクリプトナイトのようなものだ。

ニュースメディアのツイート（1）──フィナンシャル・タイムズ

上の2つでは個人の書き込みを確認してきましたが、SNS上には各種メディアのアカウントも存在し、それらも定期的にニュースを発信しています。しっかりとした言葉で表現されているものも多く、各種メディアのツイート

を読むだけでもかなり英語の勉強になるでしょう。

　たとえば次のツイートは、フィナンシャル・タイムズが *A History of Solitude*（David Vincent 著）という書籍について紹介したものです。

3.　書籍の紹介

Given that "social distancing" will be one of the phrases that defines 2020, it's hard to conceive of a more timely moment for a book about solitude.

Financial Times（2020. 4. 27）

語注

- **given that...**：「…ということを考慮すれば、…なので」
- **social distancing**：「ソーシャル・ディスタンス」

　先頭の given that... から大学受験などで重要表現とされるものが使用されています。ただし、このツイートのポイントは特に後半にあります。

　あまりよく考えずに、「孤独についての本を読むのに丁度よい時期を考えるのは難しい」などと解釈してはいけません。a more timely moment と more が入っているので、これは何かと比べて「もっと時宜にかなった時」と言っているわけです。

　そこから何と比較しているのかを考え、than now「今よりも」という比較の対象を補って考えられるかがポイントです。つまり、この英文の後半は「孤独についての本を読

161

むのに今よりも時宜にかなった時を考えるのは難しい」→
「孤独についての本を読むのに今ほど丁度よいタイミング
はない」と言っているのです。

　否定のニュアンスを持つ語句（ここでは hard）と比較
をともに用いて最上級に近い意味を表す形は、学習者にと
って難しい表現法として数多くの問題集や参考書などでも
詳しく扱われていますが、まさにそれが使われた実例だと
いうことです。

> [訳] 「ソーシャル・ディスタンス」が 2020 年を定義
> づけるキーワードの 1 つとなるであろうことを考慮す
> れば、孤独についての本を読むのに今ほど絶好のタイ
> ミングはまず考えられないだろう。

ニュースメディアのツイート（2）──タイムズ
　もう 1 つニュースメディアのツイートを見てみましょう。

4.　　復活祭への新型コロナの影響

In several parts of the country, reports have emerged
of police and environmental health officers trying to
stop shopkeepers from selling Easter eggs.

Times (2020. 3. 30)

語注
• Easter eggs：「イースターエッグ」、英語圏などでイー

　スター祭を祝うために飾るもの

- stop 人 from...ing：「人が…するのを止める、やめさせる」

　2020 年の新型コロナウイルスによるロックダウン状態の中、小売店が生活必需品ではないものを売ることに対しても厳しい目が向けられました。reports（**S**）have emerged（**V**）という文の主語と述語動詞は問題ないとして、reports だけでは何の「報告、報道」なのか判断できませんので、後から説明があるはずだと予想します。すると、emerged の後に続く of に目がいくでしょう。

　reports のような名詞の中身を説明するフレーズとしては、that 節と同格の of 句「... という」があり、後者の場合は後ろに意味上の主語を伴った動名詞構文がくるのが典型的なパターンです。そこで、of の後に「名詞句＋ ...ing」の形が続くだろうと思いながら読み進めていけば、police and environmental health officers + trying... というドンピシャの形が出てきます。

> **訳**　国内のいくつかの地域で、警察や環境衛生官が小売店の店主にイースターエッグを売るのをやめさせようとしているという報道が出てきている。

　SNS やインターネットから生まれた言葉

　さて、ここまではツイートを通して、SNS の英語とは言っても多くは普通の英語のルール通りであるということ

を確認してきました。しかし、章の冒頭でも述べたとおり、インターネットや SNS を通じて、数多くの特殊な表現や言い回しが生まれたことも事実です。その全てをここで紹介することはできませんが、興味深い例をいくつか見てみましょう。

1. Are you dissing him?
訳　彼をディスってんの？

dis...「…のことを悪く言う」は典型的なネットスラングという印象が強いですが、実は SNS よりもずっと歴史が古く、1980 年代からある言い方です。日本語で「ディスる」という言葉が定着したのは比較的最近であり、これを日本特有の現象と考えている人もいるようですが、実は disrespect を縮めた dis を「敬意を持って扱わない」という意味の動詞として使う例は、英語圏には昔から存在していました。

2. I stayed up till late because YouTube.
訳　夜更かしした。YouTube のせいで。

これは接続詞である because の後に名詞句のみを置き、前置詞のように用いる用法です。2010 年代前半にインターネット上で使用が増えているとして話題になりました。2019 年にインターネット上の言葉遣いをテーマにした *Because Internet*（Gretchen McCulloch 著）という著作が出版されましたが、タイトルに用いられていることからも、

この用法の話題性がうかがえます。

3. How many likes do you want to get?

訳　いくつ「いいね！」が欲しいですか？

like にはもともと、「…が好き」という動詞の用法、「…のように」という前置詞の用法、「…のようなもの」という名詞の用法がありましたが、SNS の登場によって「いいねする」という動詞の用法と「いいね」という名詞の用法が加わりました。ここは名詞の用法で使っていて、「いくついいねが欲しいか」と聞いています。

4. He wants her to unfriend all of her exes.

訳　彼は彼女に元カレ全員を「友達」から外して欲しいと思っている。

上の like と同様、friend も「（SNS 上で）友達になる」という動詞の用法を持つようになり、逆に unfriend（defriend とも）は「（SNS 上で）友達から外す」という意味で使われるようになりました。exes は ex-boyfriends（ex-girlfriends）の省略形で、「元カレ、元カノ、元恋人」という意味で使います。

5. When I tweeted about this, many of my friends unfollowed me.

訳　これについてツイートした時、友人の多くからリムられた。

日本語ではツイッター上などでフォローを外すことを「リムる」と言ったりもしますが、英語ではunfollowです。このun-は動詞の前に付く接頭辞で「…していない状態にする、戻す」という意味があります。

6. Once you tweet, you can't untweet it.
　[訳] 一度ツイートしたら、なかったことにはできません。

　上のunfollowと同じ理屈で、untweetとは「ツイートしたものをツイートしていない状態に戻す」ということです。一度変なことをツイートしたら、取り返しがつかないということですね。

7. Your opinion is untweetable.
　[訳] あなたの意見はツイートする価値がない。

　一方、un-という接頭辞は、unimportant「重要ではない」などのように形容詞に付いて「…でない」という否定を表すケースもあります。ここではそのパターンで、tweetable「ツイートする価値がある、ツイートしてもよい」という形容詞にun-が付いて「ツイートできない、ツイートする価値のない」という意味になっています。

8. Most of his tweets are definitely retweetable.
　[訳] 彼のツイートの大半は本当にリツイートしがいが

　ある。

　これは日本語でも使う「リツイートする」という意味の動詞の retweet に -able という接尾辞が付いた例で、「リツイートできる、リツイートする価値がある」という意味の形容詞になっています。

9. This restaurant is really instagenic (instagrammable)
　訳　このレストランは本当にインスタ映えする。

　日本語でもインスタグラムの流行とともに「(インスタ)映え」という言葉が世の中に広まりましたが、英語では photogenic「写真映りがよい」、telegenic「テレビ映りがよい」などの応用で、instagenic という言葉を使うことがあるようです。一方、先ほども出てきた -able「…できる、…する価値がある」を使って、instagrammable と表現するパターンも見られます。この instagrammable のほうは、縮まって grammable となることもあり、これが日本語の「映え」に近いと言えるかもしれません。

10. This video went viral immediately.
　訳　このビデオはすぐにバズった。

　go viral というのは SNS 上の現象を表現する言葉で「バズる」に当たるものですね。元々は virus「ウイルス」という語から派生した形容詞ですが、20 世紀末頃から「ネット上で一気に広まった」という意味で使われるようにな

りました。

　後半の 10 の例文で確認したものはインターネットを使い慣れていない人だと説明されても少し分かりにくく感じたかもしれません。しかし、そういう現代に生まれた新語でも英文法のルール通り、un- などの接頭辞や -able, -genic などの接尾辞が付くのは興味深いですね。

5.2
4 コマ漫画やグラフィックノベルの英語

4 コマ漫画

　さて、次はインターネットを少し離れて、漫画の英語に取り組んでみましょう。

　まずは 1980 年代後半から 1990 年代にかけて多くの新聞で大人気を博し、最盛期には世界中で数千の新聞に掲載されていたという伝説の 4 コマ漫画 *Calvin and Hobbes*（Bill Watterson 著）から。ワンパクな 6 歳児カルビンと彼のイマジナリーフレンドである虎のぬいぐるみのホッブスの日常を綴った漫画であり、連載終了から四半世紀を経た現在でもニューヨーク・タイムズなど各種新聞で再掲載が続いている人気作です。

　ここでは宿題をやりたくないカルビンが文句を言いつつ、何とかズルをして切り抜けようとしているシーンからの抜粋です。日本の漫画と違い、左から読むという点にも注意して下さい。

1. 宿題に文句を言うカルビン

Bill Watterson (2005) *The Complete Calvin and Hobbes Book Two*

語注

- heck : 俗語で「ふん、へん」といった意味。
- I suppose ... :「…だろうね、だね」
- out of the question :「論外の、不可能な」
- give me a break :「勘弁してよ」

　2コマ目のホッブスのセリフまでは易しい表現ばかりです。カルビンのセリフから少し注意が必要で、more stupid の後に than this topic（=bats）を補って、全体を反語的な修辞疑問文で捉える必要があります。日本語に訳す時は「これより、こんなに」と比較対象の部分を入れないと少し意味が通りにくくなります。

　3コマ目の第2文は言わんとしていることは理解できると思いますが、会話の頻出表現である be supposed to... の訳し方が意外に難しいかもしれません。「…することになっている」という定訳を使おうとしてもここでは少し違和感があります。この be supposed to は疑問文で使うと、相

手や他の人物に「…とでも思っているの？　…とでも言うの？」と皮肉っぽいニュアンスを表現することができます。ここもそのパターンと考えて「どうやってレポートを書けって言うの」というくらいに解釈するのがよいでしょう。

　4コマ目ではそれに対してホッブスが冷静なツッコミを入れているところですが、さらにカルビンは反論します。恐らく教科書的な硬い英語に慣れている人からすると、4コマ目のカルビンのセリフが一番難しく感じるのではないでしょうか。

　この like は as if...「あたかも…のようだ」に近い意味から派生したもので、「(まるで) …とでも (言わんばかり)」というニュアンスです。最後に疑問符が付いていることからも分かるように「…とでも (言うのか)？」と怒りをあらわにしている表現になっています。レポートを書くだけでも大変なのに先に調べて「そのうえ」書けとでも、というニュアンスですね。

　訳　(1コマ目) カルビン：学校のレポートやらなきゃ。

　(2コマ目) ホッブス：お題は？／カルビン：コウモリだよ。こんなに馬鹿げたお題ある？

　(3コマ目) カルビン：ふん、僕はコウモリについてなんて何も知らない。全然知らないお題についてどうやってレポートを書けって言うのさ。無理だよ。

　(4コマ目) ホッブス：調べるっていうのは論外なんだね。／カルビン：はあ。コウモリについてまず調べて、そのうえさらにレポートを書けとでも。勘弁して

よ。

2. 　友人のスージーを利用してズルを企むカルビン

Bill Watterson (2005) *The Complete Calvin and Hobbes Book Two*

語注

- **this report** : 「例のレポート」
- **sort of...** : 「まあ…するみたいな」、ここは副詞で断言を避けるような言い方です。
- **How'd it go?** : 「うまくいった？　どうだった？」

　こちらのほうは分かりにくい言い回しは少ないですが、3コマ目は and で語句をどんどんつなげていって1文が長くなる会話特有の現象が起こっています。次ページのような並列関係をしっかり理解するのがポイントですね。

[3コマ目の英文の構造]

```
research bats
and
make copies...
and
maybe underline...        ⎫
and                       ⎬  so I wouldn't....
sort of outline it...     ⎭
```

　後半に２回出てくる it は all the information を指してい
て、so 以下は「…するように」という目的を表す副詞節
です。自分のトピックである象を調べに図書館に行く予定
のスージーに対して、コウモリについても調べてくれない
かというずうずうしいお願いをしたうえに、全部読むのは
嫌だから下線を引いたり要約したりしてほしいと無茶な要
求をする姿が印象的です。スージーがどう反応したかは４
コマ目を見れば明らかですね。

　　訳　（１コマ目）カルビン：やあ、スージー。カルビ
　ンだよ。学校に出さなきゃいけない例のレポートある
　じゃん。そう。僕のお題はコウモリなんだけど、君の
　は？
　　（２コマ目）カルビン：象？　うーん。じゃあ、象を
　調べに図書館に行く？　行くんだ。やった。
　　（３コマ目）カルビン：じゃあ、図書館に行ったつい
　でにコウモリについても調べてくれない。それで、分
　かったこと全部コピーして、できたら重要な部分に下
　線を引いて、ちょっとまとめておいたりしてくれない

かな、僕が全部読まないですむように。
　（4コマ目）ホッブス：うまくいった？／カルビン：
マジで女子は嫌いだ。

　宿題をやりたくなくて渋っている6歳児を描いたごく日
常のワンシーンでしたが、口語的な表現が多いため、意外
に難しいと感じた人もいるかもしれません。こういう日常
のやりとりを描いた題材を学習に用いる際の利点は、馴染
みのない表現や言い回しが出てきた際に、それを使う具体
的な場面とともに学ぶことができるという点です。

グラフィックノベル

　グラフィックノベルという単語に馴染みがない人もいる
でしょう。アメコミの中でも比較的シリアスで複雑なテー
マを扱った大人向けの漫画と理解してもらえればよいかと
思います。

　ここで扱うのは、その中でもかなりアカデミック寄りの
もので、哲学者バートランド・ラッセルの生涯を描いた
LOGICOMIX（『ロジ・コミックス』筑摩書房）から、ラッ
セルと彼の教え子だったウィトゲンシュタインの出会いを
描写したシーンを読んでみたいと思います。この作品はラッ
セルが過去を回想する形を取っており、四角の吹き出し
は回想している時点でのラッセルの言葉になっています。

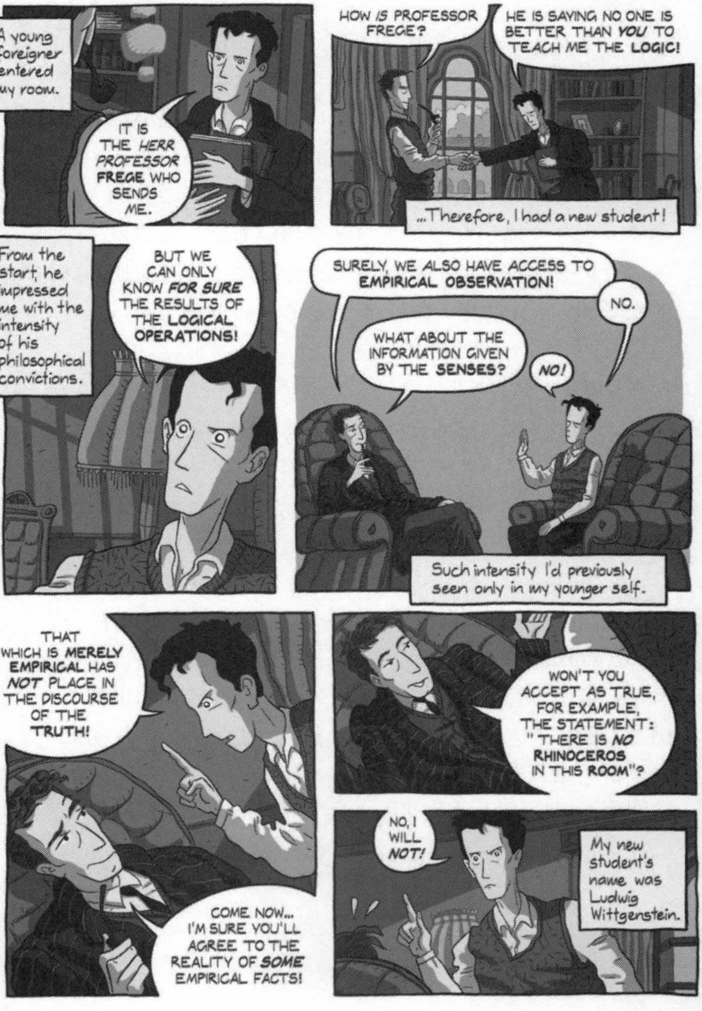

A. Doxiadis et al.（2009）*Logicomix*

語注

- Herr Professor：「教授（ドイツ語）」
- logical operations：「論理演算」
- empirical observation：「経験的観察」
- the senses：「（視覚や触覚などの）五感」
- Come now：「まさか、おいおい」

　1コマ目はウィトゲンシュタインのセリフが it is ... who の分裂文（強調構文）になっていますね。「私にここに行くように言ったのはフレーゲ教授です」とラッセルのところにやってきた経緯を説明しています。

　2コマ目も要注意で、ここは than 以下の比較の対象が明示されているから誤解はしにくいと思いますが、「私に論理学を教えるのにあなたより適した人はいない」とフレーゲがラッセルをウィトゲンシュタインの師として最適であると推薦したことが説明されています。

　4コマ目の回想部分は語順がポイントになります。Such intensity に続いて、文の述語動詞を期待しますが、I'd previously seen... と SV の形が続きます。そこから、seen の目的語である such intensity が前置されて、OSV の語順となったものであるということに気づけるかどうか。

Such intensity (O) I (S) 'd previously seen (V) ...

　OSV のような語順は、O が特に聞き手や読み手にとってアクセスしやすい情報である場合に生じやすいですが、ここは such 「そのような」という言葉からも明らかなよ

うに、文頭の Such intensity は直前のウィトゲンシュタインの説明を受けていて、この条件に当てはまります。

　5コマ目のウィトゲンシュタインのセリフは That which から始まっていますが、この場合の that は the thing くらいの意味で、that which=what と考えてよいと思います。一方、ラッセルのセリフでは some が太字になっています。「少なくともある程度（いくつか）は」というニュアンスを強めるためです。

　6コマ目は再び構造に意識を向けるべきところ。accept as true「真実として受け入れる」というフレーズを見た時に「何を?」と考える発想が大切で、この感覚があれば for example を超えた先にある the statement が accept の目的語であり、情報量が大きいために後置されたパターンだということに気づけるでしょう。

accept（**V**）（as true）（, for example,）the statement:...（**O**）

　先ほどの **OSV** とは反対に、**O** が本来の位置よりも後ろに置かれた形ですね。最後のコマのウィトゲンシュタインの No の訳し方はよく考えなくてはいけません。相手の疑問文の前提に肯定的な内容を答える場合は日本語では否定疑問文に対する場合でも「はい」を使いますので、ここを「いいえ」とすると6コマ目の訳し方次第では変な感じになってしまいますね。

訳 （1コマ目）回想：若い外国人が部屋に入ってき

ました。／ウィトゲンシュタイン：フレーゲ教授に言われてきました。

（2コマ目）ラッセル：フレーゲ教授は元気かね。／ウィトゲンシュタイン：教授は私に論理学を教えるのにあなたよりも適任の方はいないとおっしゃっています。／回想：こうして私はあたらしい弟子を迎えることになったのだ。

（3コマ目）回想：最初から彼が持っている哲学的信念の強烈さは印象的だった。／ウィトゲンシュタイン：でも、私たちが確実に知れるのは論理演算の結果だけです。

（4コマ目）ラッセル：もちろん、経験による観察にもアクセスはできるだろう。／ウィトゲンシュタイン：いいえ。／ラッセル：五感から得る情報はどうだね。／ウィトゲンシュタイン：ダメです。／回想：それほどの強烈さに出会うのは若い頃の自分以外では初めてだった。

（5コマ目）ウィトゲンシュタイン：単に経験的なものは真理を語る場にはふさわしくない。／ラッセル：おいおい。少なくとも経験的に確認できる事実があるってのは同意するだろ。

（6コマ目）ラッセル：たとえば、この部屋にサイはいない、という言葉を真実と見なさないつもりかい。

（7コマ目）ウィトゲンシュタイン：はい。見なしません。

回想：この新弟子の名前はウィトゲンシュタインだった。

ラッセルとウィトゲンシュタインの出会いの場面を描いたグラフィックノベルからの抜粋でしたが、内容、文体ともにかなり本格的だと感じた人も多いのではないでしょうか。さすがは「ノベル」と冠されているだけはありますね。

　実際、このグラフィックノベルは娯楽として面白いだけでなく、しっかりと読み通せばラッセルやウィトゲンシュタインの思想についても優れた導入書になります。

5.3
小説の英語

小説英語の読み方

　ここまでインターネットやコミック作品の英語を見てきましたが、本章の最後は、やはり文学作品である小説の英語で締めくくりたいと思います。ただ、文学作品だからといって変に構える必要はありません。基本的な読み方はここまでの素材と同じです。

　本節では、比較的知名度の高い作家や作品を使って、これまで扱ってきた読み方を改めて確認するとともに、文学作品ならではの表現法などにも焦点を当てたいと思います。

ジョージ・オーウェル『1984 年』を読む

　まずはポストトゥルースの時代の到来ということが話題になり、改めて注目されたディストピア小説の傑作、ジョージ・オーウェルの『1984 年』を取り上げます。2016 年にトランプ氏が大統領選に勝利した後、アメリカでベストセラーになった作品です。

　物語の舞台となるオセアニアは第三次世界大戦後の超大
国で、ビッグ・ブラザーを指導者とする全体主義体制が完
全に情報統制をし、人々を恐怖で支配する世界となってい
ます。主人公のウィンストンは真理省記録局に勤務し、ビ
ッグ・ブラザーの発言に矛盾が出ないよう日々、歴史記録
の改ざん作業を行っていますが、同時にこの体制の在り方
に強い疑問を抱いている人物です。

情景の描写

　最初に読むのはウィンストンが幼かった頃を回想してい
るシーン。突然起きた空襲の場面が語られています。なお、
冒頭の He はウィンストンを指しています。

1. 　主人公の回想

He did not remember the raid itself, but he did
remember his father's hand clutching his own as they
hurried down, down, down into some place deep in the
earth, round and round a spiral staircase which rang
under his feet and which finally so wearied his legs
that he began whimpering and they had to stop and
rest.

George Orwell (1949) *Nineteen Eighty-Four*

語注

• **did remember**：この場合の did は前の did not との対比

を強調しています

- clutch：「つかむ」
- a spiral staircase：「らせん状の階段」
- weary：「…を疲れさせる」
- whimper：「すすり泣く」

　構造の注意点を確認してみましょう。まず、but の直後のところで、he（**S**）did remember（**V**）という主語と述語動詞をしっかりと把握します。

　この remember の目的語に当たる部分が his father's hand を意味上の主語、clutching... を動名詞句とする「意味上の主語＋動名詞」の形になっていることにも注意しましょう。

　後に続く as 節は、その時の状況を説明しています。as 節の中では、they hurried という中心部で主人公とその父親の足早な移動を表現した後、down...in the earth というフレーズで移動の方向性、round... で移動の経路を明らかにしています。

　さらにその移動経路である a spiral staircase を限定する形で関係代名詞節が 2 つ続いていますが、特に 2 つ目の節内で so wearied his legs that... の部分が、so...that の構文を構成していることも見落としてはいけません。

　ここは、幼い頃の主人公が空襲の中、父と一緒に地中へと逃げているシーンを描いた小説らしい動きのある情景描写となっています。こういうシーンではそのテンポを崩すことなく解釈できるかが重要になってきます。

　たとえば、as they hurried down... の部分は、厳密に言

えば副詞節で直前の his father's hand clutching his own を修飾していると考えるべきです。しかし、この as が「…しながら」という同時のニュアンスを表すものであること、そして原文では後ろに配置されていることを考えるなら、むしろ as を and のように捉えて、「父が彼の手を握り、どこか地中深くの場所へとどんどん降りて行った」と解釈したほうが原文の流れに近いものになるのではないでしょうか。

　続いて、round... の部分は上でも指摘したとおり、移動の経路を表していて、hurried down を修飾していると判断できます。ですが、これだけ重い前置詞句となると、こちらを訳してから hurried down の部分に戻る、ということをせずに、この部分を切り離し、動詞を補って捉えて「らせん状の階段をぐるぐると降りて行った」と解釈するのも１つの手です。

　a spiral staircase を修飾する２つの which 節のうち、特に２つ目は finally という副詞からもイメージできるように、主人公たちがそこを通ったことで生じた事態を説明しています。つまり、「階段」の性質というよりは、直前で描写されている移動の結果を表現しているわけです。そう考えるならば、この部分を非制限用法のように訳し下したほうが、原文のテンポが崩れないものになると言えますね。

　訳　空襲そのものは記憶にはなかったが、父に手をつかまれ地中のどこか奥深い場所へと急いでどんどん降りて行ったことは覚えていた。足音が響くらせん階段をぐるぐると降りて行ったのだが、やがて足の疲れ

が限界にきて、彼が泣き始めてしまい足を止めて一息つかねばならなかったのだ。

　次は上の一節に続く場面で、後から付いてくる主人公の母を描写しています。

2.　母の描写

₁His mother, in her slow, dreamy way, was following a long way behind them. ₂She was carrying his baby sister – or perhaps it was only a bundle of blankets that she was carrying: he was not certain whether his sister had been born then. ₃Finally they had emerged into a noisy, crowded place which he had realized to be a Tube station.

George Orwell (1949) *Nineteen Eighty-Four*

語注

- dreamy：「おっとりした」
- a long way behind...：「…のはるか後ろ」
- a Tube station.：「地下鉄の駅」

　先ほどの一節に比べると、適度に文が区切られていて、構造的にも易しく感じられるかもしれません。
　第2文では、母が抱えていたものについて「妹」と言った後に、その部分の記憶が怪しくなり、母が抱えていたものが何だったかが問題になります。

　その問いに対する答えの候補を挙げるような形で、it...that の分裂文（強調構文）がうまく活用されていますね。この構文は、一定の条件を前提とした上で、その条件を満たすのは…だ、と指定する役割を持った文ですから、ここではまさにピッタリと言えます。ただし、perhaps「ひょっとしたら」という断定の度合いを弱める副詞が入ることによって、あくまで、母が抱えていたものの候補を述べるような形にとどまっています。

　なお、最終文では had emerged, had realized という過去完了形が使用されていますが、これは直前の文の he was not certain が物語の基準時にいる回想中の彼の状況を表したものであるため、再び回想シーンに戻ったということを示す意図があったのかもしれません。

> [訳] 母はいつものゆっくりおっとりとした様子で彼らのずっと後をついてきていた。腕には赤ん坊の妹を抱えていた。いや、抱えていたのは毛布の束だったかもしれない。その時、既に妹が生まれていたかどうかは定かではなかった。ようやく彼らはうるさく人の多い場所へと出た。地下鉄の駅だった。

心理の描写

　さて、次はより心理的な描写に近い部分からの抜粋を読んでみましょう。

　ウィンストンの暮らす世界ではイデオロギーに馴染まない人間は思想犯罪者、危険分子として存在ごと記録から消

されてしまいます。以下に抜粋した箇所はウィンストンが隣人などについて誰が「消される」かを予想しているところに続く一文です。

3.　ウィンストンの直観

It seemed to him that he knew instinctively who would survive and who would perish: though just what it was that made for survival, it was not easy to say.

George Orwell (1949) *Nineteen Eighty-Four*

語注

- perish：「死ぬ、消える」
- make for：「…の要因となる、…を促進する」

　それほど難しい単語や熟語が含まれているわけではないので、どちらかと言うと構造把握が特に重要となると言えます。

　まず、冒頭の形から、It seemed that... 「…のように思えた」が文の骨格となっていることはすぐに読み取れるでしょう。that 節の中の構造も he (S) knew (V) who...and who... (O) という基本的な形であり、そう難しくはありません。

　問題は though 以下ですね。just what it was that... から始まるので、though 節の先頭に what が従える名詞節が配置されているということ、そして、それが疑問詞 what を焦点部に置く分裂文の疑問文（What was it that...?「…の

はいったい何なのか」）が元になった疑問詞節であるということを予測します。

　普通に考えるならば、節の先頭に名詞節らしきものがあるのですから、それが主語となり、その後に述語となる動詞句が出てくるはずだとなります。そこで、what節の終わりと思しきsurvivalの後にあるコンマ（,）に目を向けます。しかし、後に続くのは動詞ではなく、it was not easyという別のSVの形です。

　whatが従える節が名詞節以外となることは原則としてはないので、このwhat節も名詞節として説明をつけなくてはなりません。節の頭に大きな名詞のカタマリがあって、それが主語ではない場合は、目的語や補語の前置の可能性が高いという知識を活かし、このwhat節は後ろのいずこかの場所から前に移動させられたのではないかと考えつつ、文末まで確認しましょう。そうすると予想どおり、sayの後ろに本来あってしかるべき目的語がないことが明らかになり、以下のような構造が見えてきます。

［though節の構造］

just what it was that made for survival,

it（形式主語）/ was（V）/ not easy（C）

[to say ＿＿＿]（真主語）

　つまり、この節はitを形式主語とし、to不定詞以下を真の主語とする形式主語構文で、to不定詞句の中のsayの目的語に当たるwhat節が前置された形ということ

になります。前置が生じている理由としては、第4章の英文3.でも説明した「対比の強調」という側面が強いと思われます。

　本来、動詞の後ろにあるべき名詞句を前置させることで、その名詞句に直前までの流れとの対比の意味を込め、「…については」というニュアンスを出すことができます。この例では誰が「消されるか」が本能的に分かったという描写を受けて、「一体何が生き残ることの要因となるのかについては容易には分からなかった」という意味を表す役割を前置が担っていると言えるでしょう。

> 訳 直観的に誰が生き残り誰が消されるかが自分には分かるように思えた。一体何が生き残る要因となるのかについては容易には言えなかったが。

会話のシーン

　ウィンストンは次第に体制への懐疑心を強めていきますが、ある時、真理省創作局につとめる女性ジュリアから手紙による告白を受け、2人は密会を重ねるようになります。まずは、彼女の指示した場所で初めて2人が顔を突き合わせしっかりと会話するシーンです。

4.　ジュリアとの会話

₁ 'Would you believe,' he said, 'that till this moment I didn't know what colour your eyes were?' ₂They were brown, he noted, a rather light shade of brown, with dark lashes. ₃'Now that you've seen what I'm really like, can you still bear to look at me?'

₄'Yes, easily.'

₅'I'm thirty-nine years old. ₆I've got a wife that I can't get rid of. ₇I've got varicose veins. ₈I've got five false teeth.'

₉'I couldn't care less,' said the girl.

George Orwell (1949) *Nineteen Eighty-Four*

語注

- lash：「まつ毛」
- bear to 不定詞：「…することに耐える」
- get rid of：「…と離婚する、関係を断つ」
- varicose veins：「静脈瘤」

短い文が多く、構造的には難しくないですが、その分、単語の使い方などに注意を向けておきたいところがあります。

第 1 文の Would you believe には「そんなこと信じられるかい」という驚きに近いニュアンスが込められています。また、第 3 文の can you still bear のところでは、bear に注目。この動詞が「…に耐える」という意味で使用されるのは否定文の場合が多く、否定のニュアンスと相性のよい

用法です。自信のないウィンストンが、「実物をきちんと見たら耐えられないよね」と恐る恐る確認するようなニュアンスが込められていると考えると、雰囲気が伝わりますね。

　ジュリアの2つ目の発言では、I couldn't care less. が登場します。3.3節の②（106〜108ページ）で見た表現ですね。現代アメリカ英語では not を入れない could care less のほうが優勢になっていますが、さすがは70年前のイギリス作品。couldn't care less と、理屈上正しいほうの形になっています。

> 訳　「今、この瞬間まで君の眼の色が何色かも知らなかったなんて信じられるかい」と彼は言った。彼女の眼は明るみのある茶色でまつ毛は黒かった。「僕の本当の見た目を知った今でも、まだ大丈夫かい」
>
> 「ええ、もちろんよ」
>
> 「僕は39歳で、離婚できない妻もいる。静脈瘤だし、入れ歯も5本ある」
>
> 「そんなのどうでもいい」

　ジュリアとの逢瀬を重ねるようになったウィンストンは自分が感じている体制への懐疑を話し、情報の改ざんの恐ろしさについて論そうとしますが、ジュリアは自分に直接関係のないことにはあまり関心を示そうとしません。

5.　　ジュリアの無関心

₁In the ramifications of the Party doctrine she had not the faintest interest. ₂Whenever he began to talk of the principles of Ingsoc, doublethink, the mutability of the past and the denial of objective reality, and to use Newspeak words, she became bored and confused and said that she never paid any attention to that kind of thing. ₃One knew that it was all rubbish so why let oneself be worried by it? ₄She knew when to cheer and when to boo, and that was all one needed.

George Orwell (1949) *Nineteen Eighty-Four*

語注

- **ramifications**：「（ある事から生じる）予想外の複雑な影響」
- **the Party**：「（体制側の）党」
- **Ingsoc**：「イングソック（体制のイデオロギー）」
- **doublethink**：「二重思考」、体制側が人々の思考を制限するために作り出したニュースピーク（『1984 年』で描かれた架空の言語）の単語で、2 つの相容れない思想を矛盾することを理解しつつ信奉する姿勢を指しています。
- **boo**：「ブーイングをする、野次を飛ばす」

　第 1 文は短いですが、had の目的語である not the faintest interest が、文頭の In the ramifications につながることを見落とさないように。また、the faintest は「…さ

え」というニュアンスを込めた最上級になっているので、「ごくわずかな関心さえなかった」という意味になります。

　第2文は whenever 節の範囲をしっかりと見極め、she（S）became（V）bored and confused（C）という文の骨格をつかむのが大前提。さらに後ろに続く and が、became と said という2つの動詞を結んでいることに注意しましょう。ここまでは基本です。

　今回の英文の真の関門は第3文以下です。第3文にはshe said that のような誰かの発言であることを示す言葉はないため、普通に読めば、ここは事態を描写した地の文ということになりますが、しかし、後半に疑問文が登場します。疑問文はかなり主観的性質の強いもので、書き手や主人公からの読者への問いかけのようなケースを除いては、地の文でそう頻繁に登場するものではありません。仮に最初はこの部分を地の文として読み始めたとしても、こういったことから違和感を覚えることができたかどうかが鍵となります。

　種明かしをすると、この部分は実はジュリアの発言の続きであり、この疑問文もジュリアからウィンストンに向けて発せられたものです。今回引用した箇所は最後までジュリアの発言が続いています。したがって、最終文は She knew... となっていますが、地の文が客観的描写として「彼女は分かっていた」と説明しているわけではなく、これは彼女自身の "I know..." というセリフを表しているのです。

　このように she said that のような伝達節を持たないにもかかわらず、実は特定の人物のセリフの中身を表し、間接話法と同じような代名詞や時制の形を取るものを「描出話

法（自由間接話法）」と呼びます。日本語に訳す時は、それが特定人物のセリフであることを意識し、直接話法に相当するような訳にすると原文の感じが伝わりやすいかと思います。

> ［訳］党の教義がどのような多様な影響を持ちうるかということには彼女は少しも興味がなかった。イングソックの原理や二重思考、過去の可変性や客観的事実の否定といったことについて彼が話し、ニュースピークの言葉を使い始めると、決まって退屈、困惑して、そんなことには何の関心もないと言うのだった。全部出鱈目だって分かっているんだから、どうしてそんなのに悩まされるの。いつ喝采し、いつ野次を飛ばすべきかは知っているし、それだけで十分よ、と。

エドガー・アラン・ポー「黒猫」を読む

続いて、19世紀アメリカを代表する作家エドガー・アラン・ポーの短編怪奇小説「黒猫」を扱います。

本作は、ポーのテーマの1つである「天邪鬼」の心理（やってはいけないことだと分かっていることをやってしまいたくなる心理）を描いたものでもあります。酒乱で愛猫を手にかけてしまった語り手が愛猫にそっくりな猫によって追い詰められていくというシンプルなストーリーですが、さすがに19世紀の英語だけあって一筋縄ではいかない箇所もあるので、じっくり取り組んでみて下さい。まずは物語の冒頭近くの愛猫の描写です。

6. 愛猫の描写

> ₁This latter was a remarkably large and beautiful animal, entirely black, and sagacious to an astonishing degree. ₂In speaking of his intelligence, my wife, who at heart was not a little tinctured with superstition, made frequent allusion to the ancient popular notion, which regarded all black cats as witches in disguise. ₃Not that she was ever *serious* upon this point—and I mention the matter at all for no better reason than that it happens, just now, to be remembered.
>
> Edgar Allan Poe (1843) "The Black Cat"

語注

- this latter：「この最後のもの」、この部分の直前で複数のペットを紹介しており、その最後に挙げた「猫」のことを指しています。
- sagacious：「賢い、聡明な」
- to an astonishing degree：「驚くほどに」
- be tinctured with...：「…の気がある、…を帯びている」
- make allusion to...：「…をほのめかす」
- popular notion：「通説、俗説」
- in disguise：「変装した、化けの皮をかぶった」
- at all：「そもそも」

　第1文はそれほど難しいところはありません。**SVC** の**C** に当たる要素が3つあり、それが、<u>a...animal</u>, <u>...black,</u>

and sagacious... と、and を用いて並列されている形です。ここは猫の描写ですから、animal は「猫」を指しています。

　第2文は関係代名詞節が入って少し入り組んでいます。In speaking of his intelligence という前置詞句の後に登場する my wife という名詞句が文の主語だろうと予想し、これに対応する述語動詞を探しながら読んでいきましょう。直後に関係代名詞節がありますが、ここはコンマ（,）で挟まれているのでひとまずカッコでくくって考えると、my wife（S）made（V）という文の中核が見えてくるはずです。ここで「妻が古代からある俗説をよくほのめかした」ということが理解できます。

　となると、それはどういう俗説なのかということが問題になりますが、notion の後に続く関係代名詞節がその部分を説明しています。regard O as C「O を C と見なす」をしっかりと把握して、「あらゆる黒猫を変装した魔女だと見なす」俗説だということを理解しましょう。

　おそらく、この英文の中では第3文が最も厄介ではないかと思います。文頭の Not that... は「断り」を入れる時に使われる表現で、「とはいえ、妻がこの点に関して、「真剣」だったというわけではない」となります。さらにその後に、ダッシュ（—）が入り and I ... と言葉を付け足しています。

　この付け足しの部分は難しいので、詳しく見ていきましょう。メインの構造は I（S）mention（V）the matter（O）とシンプルですが、後半の for no better reason than that ... というところが難所です。than that という少し見慣れない形について、better reason という言葉から reason の

良し悪しを比較しているということを読み取り、than の後ろにも reason に当たる内容がきているのではないかと推測する必要があります。

　そうすると、that が同格の名詞節を作る that でその前に reason が省略されているのではないかという考えも浮かんでくるのではないでしょうか。than the reason that...「…という理由以上の」と reason を補って考えれば、この部分が「…という理由以上にちゃんとした理由は何もなく」→「単に…だという理由だけで」という意味になることが読み取れますね。

　以上の説明で文法的な問題は全て解決するかもしれませんが、ダッシュ（一）以下の部分は、訳し方にも注意が必要です。この the matter は直前の「妻が俗説をほのめかしていたこと」を指していますので、I mention the matter「私がこのことに触れる」というのは、直前で自分が行った説明のことをそのまま指しており、この部分だけだと新しい情報を全く含んでいません。

　この付け足しの部分で書き手が特に伝えたいことは、後半の「理由」に当たる部分であり、I mention the matter の部分はむしろ読者にとっても既知の前提です。

既知の前提	伝えたい内容
↓	↓
I mention the matter at all	for no better reason ...

　したがって、文法構造だけを意識して「単に…という理由だけで私はこのことに触れる」という、いわゆる直訳を

してしまうと、重要な情報が文頭に、そして、前提となる
要素が文末にくる望ましくない訳文になってしまいます。
文の焦点がどこにあるかについての理解を活かそうとする
ならば、「このことに私が触れるのは…だからだ」といっ
た形に訳す工夫が必要になるでしょう。文法的な直訳が原
文の意味に忠実な訳とは限らないという好例だと思います。

> [訳]　この最後のやつは目立って大きく美しい猫で、
> 真っ黒で驚くほど賢かった。その頭のよさについて、
> 少なからず迷信めいたところのある妻は、黒猫はみな
> 魔女が変装したものだという昔からある俗説をよくほ
> のめかしていたものだ。とはいっても、妻が「真剣」
> にそう考えていたということではない。そもそも、こ
> の件に触れたのも、たまたま今それを思い出したから
> に過ぎない。

語り手の心理描写

　プルートゥという名のこの猫は語り手によくなつき、ま
た、彼もこの猫をかわいがっていましたが、酒乱のせいで
徐々に粗暴な性格になり、ついにはプルートゥに残虐な暴
力行為を働いてしまいます。次の英文は、その結果、猫が
彼を見て怯えるようになったということを述べている箇所
で、文頭の He はプルートゥを指しています。

7. 怯える猫と主人公の心境

₁He went about the house as usual, but, as might be expected, fled in extreme terror at my approach. ₂I had so much of my old heart left, as to be at first grieved by this evident dislike on the part of a creature which had once so loved me. ₃But this feeling soon gave place to irritation. ₄And then came, as if to my final and irrevocable overthrow, the spirit of PERVERSENESS.

Edgar Allan Poe (1843) "The Black Cat"

語注

- **go about ...** :「…の中を動き回る」
- **as might be expected** :「案の定」
- **fled** :「逃げた」
- **my old heart** :「(猫に対する) 以前の愛情」
- **be grieved by...** :「…に深く悲しむ」
- **give place to...** :「…にとってかわられる、…に変化する」
- **irrevocable** :「取り返せない、元に戻せない」
- **overthrow** :「転覆、破滅」
- **the spirit of PERVERSENESS** :「天邪鬼の心」

　今回は名詞句をどう読み解くかがポイントになります。第1文の後半、fled in extreme terror at my approach を「私の接近に対して極端な恐怖で逃げた」としてしまうと、いかにも堅苦しい言い回しになってしまいます。それぞれ

の名詞句を少しダイナミックに解釈し、my approach を「私が近づくこと」、extreme terror を「（猫が）極端に怯えること」くらいに読み替えてやるとスムーズな訳になるのではないでしょうか。

第2文ではまず文の中核が、I (S) had (V) so much of my old heart (O) left (C) と SVOC の構造になっていること、さらに、目的語（O）に当たる部分の so much の so が後ろの as [to 不定詞] と呼応し、so ... as [to 不定詞] の構文になっていることを把握しなければなりません。

この so ... as [to 不定詞] は訳し方にも注意が必要です。深く考えずに so much を「非常に多く」と解釈して、「かつての愛情を非常に多く残していたので…」とやってしまうと、かわいがっていた猫に暴力を振るうほど粗暴な性格になってしまったというここまでの文脈と矛盾します。この構文の so much はあくまで「それくらい」を意味し、[to 不定詞] の部分はその程度を説明する役割を果たしているという原則を確認し、「多少は残っていたので」と文脈に沿った訳を当てましょう。

さらに、この [to 不定詞] 句の中の、this evident dislike... me の部分は、第1文と同様に名詞句の理解が重要になるところです。dislike とは誰が誰を嫌うことなのかと考えましょう。「誰が」に当たる部分は、4.2節のイェスペルセン（137～141ページ）の英文でも扱った on the part of を用いて、on the part of a creature ... とはっきり示されているので、後は「誰を」に当たる情報を文脈から「私」のことだと補えば、「かつてあれほど好いてくれていた猫が（私を）ここまであからさまに嫌うこと」といった形の訳

出も可能でしょう。訳例では文全体が「私」の視点になっていることに配慮し、「嫌われること」と訳しています。

第3文は英文としては難しくありませんが、第2文までの「悲しみ」が「苛立ち」へと移り変わっていく転換点となる一文です。

第4文では And then came ... という形から、then という副詞が前に出て主語と動詞の倒置が起こった文だろうと予想し、came (**V**) the spirit of PERVERSENESS (**S**) という構造をしっかりと捉えましょう。

> [訳] 彼はこれまでどおり家の中を歩き回っていたが、案の定、私が近づくと極度に怯えて逃げ出すようになった。私にもかつての愛情が多少は残っていたので、あれほどなついていた動物にここまであからさまに嫌われて最初は悲しんだ。しかし、この感情もすぐに苛立ちに変わっていった。そして、取り返しのつかない破滅へといざなうかのようにやってきたのだ。天邪鬼の心理が。

理屈っぽい文体

さて、ついにポーの作品の大きなテーマでもある「天邪鬼」という概念が登場しました。次の英文は英文7. と連続する箇所で、「天邪鬼」とはどういう心理なのかを、評論文を彷彿とさせる硬めの言葉で解説しています。

8. 天邪鬼の心理

> ₁Of this spirit philosophy takes no account. ₂Yet I am not more sure that my soul lives, than I am that perverseness is one of the primitive impulses of the human heart — one of the indivisible primary faculties, or sentiments, which give direction to the character of Man. ₃Who has not, a hundred times, found himself committing a vile or a silly action, for no other reason than because he knows he should *not*? ₄Have we not a perpetual inclination, in the teeth of our best judgment, to violate that which is *Law*, merely because we understand it to be such?
>
> Edgar Allan Poe (1843) "The Black Cat"

語注

- **take account of ...** :「…を考慮に入れる」
- **indivisible** :「分割することのできない」
- **faculties** :「(精神の) 機能」
- **perpetual** :「絶え間のない」
- **inclination** to 不定詞 :「…したいという気持ち」
- **in the teeth of ...** :「…にもかかわらず、…にさからって」
- **that which** : ここでは what の意

　第 1 文は philosophy takes no account of ...「哲学は…については考慮していない、無視している」の of ... が文頭

に出た形になっています。this spirit は直前で触れた「天邪鬼の心理」を指す言葉であり、先行する文脈と結びつきの強い前置詞句が前置された形ですね。

　第2文は文意の解釈がポイントになります。比較級を用いた構文なので、than 以下については前半と共通する要素が省略されていると考え、than I am（sure）that ... と補って解釈すると、「私は天邪鬼が人間の心の原始的な衝動の1つであるということを確信する以上に自分の魂が生きているということを確信していない」というのが直訳になります。どういうことでしょうか。このままでは意図が伝わりづらいですね。

　死んでいたら文章を書くことはできませんから、語り手がこの文章を書いている時点で生きて活動していることは明らかです。つまり、語り手は「自分の魂が生きていること」をこれ以上なく確信しているということになります。しかし、それほど強く確信している事柄でさえも、「天邪鬼が人間の心の原始的な衝動の1つである」ということ以上には確信していないと言っているわけです。「天邪鬼が人間の心の原始的な衝動の1つである」ということをいかに強く信じているかが読み取れます。

　したがって、ここでは天邪鬼についての確信の強さを示すために、あえて明々白々の事柄と比較するレトリックが用いられているということを理解しておかないと、的外れな訳となってしまいかねません。なお、「魂が生きる」というのは日本語としてごく自然な言い回しとは言えないので、以下の 訳 ではこのレトリックを表現するために少し工夫しています。

　第 3 文と第 4 文は、天邪鬼の心理から生まれる行為を反語的な修辞疑問文を使って説明している形です。Who has not...?「誰が…したことがないだろうか」には「…したことがない人などいない」というニュアンスが、Have we not...?「私たちは…を持っていないだろうか」には「私たちは…を持っている」というニュアンスが込められています。

　第 3 文については、後半の for no other reason than because...「…だからという以外の理由なく」にも注意しましょう。英文 6. に登場した形と似ていますが、ここでは、than 以下に because 節が置かれています。

　また、第 4 文の Have we ...? という疑問文の形に違和感を覚えた人もいるでしょう。have を動詞に用いた文の疑問文で、do を使わずに主語と have を倒置させるパターンは今ではまれな語法です。

　a perpetual inclination ... to 不定詞 のところでは、少し名詞句を噛み砕いて「絶えず、…したくなる」というくらいに解釈するとしっくりくるかと思います。

　訳　この心理について、哲学は無視している。しかし、私は自分が生きて呼吸をしているということと同じくらいに天邪鬼が人間の原始的衝動の 1 つであるということ、人間というものを特徴づけている分かつことのできない根源的な心理、感情の 1 つであるということを確信している。「いけない」と分かっているという、ただそれだけの理由で幾度となく悪さや愚行をしでかしたことのない人がどこにいよう。守るべき

「おきて」であるものを、そういうものだと分かって
いるというだけの理由で、良識に逆らって破ってみた
いという気持ちが心の中には絶えずあるのではないか。

　本節では近現代の著名な英米作家の作品を通じて、小説
の抜粋を読むということを行ってきました。会話のやりと
りや文学作品らしいレトリックは外国語を読む際には特に
厄介なところで、純粋に語学的な観点から見ると第3章〜
第4章で扱った時事英文や評論文より難しく感じられたの
ではないかと思います。

　とはいえ、小説は物語の流れに入り込むことさえできれ
ば、細部に拘泥せずに読み続けられるという利点もありま
す。ひとまず短編小説などから挑戦していき、徐々に慣れ
てきたら好きな作家の長編小説を読んでみる、というやり
方がよいかもしれません。

本書では、多様な英文をタイプ別に読むことを通じて、大学受験までに学ぶ英文法やリーディングの力を基礎としつつ、そこからさらに実用に足るレベルまで英語力を向上させるにはどうすればよいか、そのノウハウを解説しました。その過程で、リーディングの力をリスニングや発信スキルに活かすための工夫についても言及したつもりです。

その評価は読者に委ねたいと思いますが、少なくとも、学科としての英語が得意科目だったのに、実用的な英語力を手に入れたという実感がないという人に対して、それはなぜなのか、そしてどうすればその先に進めるのか、ヒントを与えることはできたのではないかと思っています。

本書を読み終えた後、第1章で強調した文法と語彙、背景知識の3点がある程度カバーできたと感じたら、そこから先はどんどん興味のあるものに取り組んでいきましょう。新聞でも雑誌でも洋書でも、躊躇せずに挑戦してみることをお勧めします。

その際に重要なのは、本当に読みたいもの、興味のあるものを読むことです。場合によっては、それがとても難しい文章で、途中で挫折してしまうかもしれません。しかし、たとえ5ページでも一所懸命に読んだ英語は血肉となりますし、本棚に並べてさえおけば、またいつでも挑戦することができます。途中で挫折しても気にせず、「ダメなら

次」「積読上等」という精神で読みたいものに挑戦してい
くことがポイントです。

　本書の執筆においては多くの方にお世話になりました。
中でも企画から出版にいたるまで担当編集者として拙稿に
お付き合い下さった中公新書編集部の楊木文祥さん、学生
時代からの友人であり、ゲラを読んで、的確で行き届いた
コメントをしてくれたSF評論家の海老原豊くん、そして
例文の英語表現について、母語話者の視点から有益な助言
をくれた勤務校の坂本ロビン外国語学部長に、この場を借
りて、心より御礼申し上げたく思います。

2020年12月

北村一真

引用文献一覧

第1章　英文を読む前に
―日本人に適した英語の学び方―

1.3　単語・熟語・イディオム

1 . US China Trade Deal, BBC News（2020.1.15）

　　https://www.youtube.com/watch?v=bMp925xQQ8Y

2 . China warned to show Taiwan respect , BBC News（2020. 1.15）

　　https://www.youtube.com/watch?v=IZcG9jy0TWQ&t=50s

3 . Ex-Nissan CEO Carlos Ghosn flees Japan, CNN（2019.12. 30）

　　https://www.youtube.com/watch?v=9Uhgo6f5nlE&t=8s

4 . Coronavirus whistleblower doctor is online hero in China, CNN（2020.2.4）

　　https://www.youtube.com/watch?v=eEUqCxP5Lvc&t=17s

1.4　背景知識について

Beat 'em up, *Wikipedia:the free encyclopedia*（2020.11.21 閲覧）

https://en.wikipedia.org/wiki/Beat_%27em_up

第2章　英文に慣れる
―インターネットを活用したリーディング―

2.1　Wikipedia の記事

1 . Reiwa, *Wikipedia:the free encyclopedia*（2020.11.21 閲覧）

https://en.wikipedia.org/wiki/Reiwa

2. Trump–Ukraine scandal, *Wikipedia:the free encyclopedia*
   （2020.11.21 閲覧）
   https://en.wikipedia.org/wiki/Trump%E2%80%93
   Ukraine_scandal

3. Anthropology, *Wikipedia:the free encyclopedia*（2020.7.29
   閲覧）
   https://en.wikipedia.org/wiki/Anthropology

2.2　英文多聴の方法

Reiwa Is Japan's New Imperial Era Name, Bloomberg
Politics（2019.3.31）
https://www.youtube.com/watch?v=kfT52h8Afro&t=42s

第3章　時事英文を読む
―新聞、ニュースに挑戦―

3.1　時事英文はこう読む（1）――短文編
見出しの読み方

1. Funds linked to casino resorts 'illegally brought to
   Japan' / Millions said transferred by local arm of
   Chinese firm, *The Japan News*（2019.12.18）

2. Later retirement age eyed for govt workers / Staged
   shift from 60 to 65 proposed, *The Japan News*（2019.12.
   27）

3. Govt to push use of tablets for e-voting, *The Japan News*
   （2020.1.14）

4. Engineers vie to revolutionize aviation in U.S. competition for next-generation aircraft, *The Japan News*（2020.2.5）

ネイティブでも迷う見出し

World's Oldest Woman Just Pleased Every Other Human On Earth When She Was Born Now Dead, *The Onion*（2012.8.24）

時事英文を読むための 5 つの法則

1. Harry Potter theme park to open in Tokyo, *The Japan News*（2020.2.4）

2. Chimpanzees on vegetable-heavy diets ward off colds, *The Japan News*（2020.2.4）

3. EDITORIAL / Looking back on 2019, a year that made us realize advent of a new age, *The Japan News*（2019.12.24）

4. Japan in Depth / Economy braces for blow from spreading coronavirus outbreak, *The Japan News*（2020.1. 29）

5. Govt to assess damage from global warming, *The Japan News*（2020.1.16）

6. Lawyers group to stand against death penalty , *The Japan News*（2016.9.26）

7. Public opinion divided over govt plan to legalize casinos, *The Japan News*（2017.8.21）

3.2 時事英文はこう読む（2）──長文編

1. Japan in Depth / Online trolls dumbing down debates

ahead of election, *The Japan News* （2019.7.13）

2. IOC decides to postpone Tokyo Games by 1 year, *The Japan News* （2020.3.26）

第4章　論理的文章を読み解く
―スピーチ、インタビュー記事から論文まで―

4.1　スピーチやインタビュー

1. Prime Minister's statement on coronavirus （COVID-19）: 23 March 2020 （2020.3.23）
   https://www.gov.uk/government/speeches/pm-address-to-the-nation-on-coronavirus-23-march-2020

2. Governor Schwarzenegger's Message Following this Week's Attack on the Capitol (2021.1.10)
   https://www.youtube.com/watch?v=x_P-0I6sAck

3. William James (1899) *TALKS TO TEACHERS ON PSYCHOLOGY : AND TO STUDENTS ON SOME OF LIFE'S IDEALS*, Press of Geo. H. Ellis Co.

4. Bertrand Russell （1959.3.4） Face to Face, BBC

4.2　論文やノンフィクションの文章

1. Edward Sapir （[1921]2004) *Language*, Dover （p.120）

2. Otto Jespersen （[1924]1992) *The Philosophy of Grammar*, University of Chicago Press （p.17）

3. George Orwell （[1945]2000) *Essays*, Penguin Classics （p.307）

4. Arthur Schopenhauer translated by T. Bailey Sunders

　　　　（[1890]2004）*The Wisdom of Life*, Dover（p.39）
5 . Charles Darwin （[1887]2002）*Autobiographies*, Penguin
　　Classics.（p.6）
6 . Charles Darwin （[1887]2002）*Autobiographies*, Penguin
　　Classics.（p.33）

第 5 章　普段使いの英文解釈
―SNS、コミック、小説を読みこなす―

5.1　SNS の英語

1 .（2020.1.13）Mark Hamill
　　https://twitter.com/hamillhimself/status/12164826
　　95061966848?lang=en
2 .（2020.1.11）Stephen King
　　https://twitter.com/StephenKing/status/12157746544739
　　16418
3 .（2020.4.27）Financial Times
　　https://twitter.com/FinancialTimes/status/12545007691155
　　37410
4 .（2020.3.30）The Times
　　https://twitter.com/thetimes/status/1244582587286401024

5.2　4 コマ漫画やグラフィックノベルの英語
4 コマ漫画

1 . Bill Watterson （2005）*The Complete Calvin and Hobbes
　　Book Two*, Andrew McMeel Publishing（p.193）
2 . Bill Watterson （2005）*The Complete Calvin and Hobbes*

Book Two, Andrew McMeel Publishing（p.193）

グラフィックノベル

Apostolos Doxiadis and Chirstos H. Papadimitriou (2009) *Logicomix*, Logicomix Print Ltd.（p.224）

5.3 小説の英語

1. George Orwell（[1949]2000）*Nineteen Eighty-Four*, Penguin Classics（p.38）
2. George Orwell（[1949]2000）*Nineteen Eighty-Four*, Penguin Classics（p.38）
3. George Orwell（[1949]2000）*Nineteen Eighty-Four*, Penguin Classics（p.70）
4. George Orwell（[1949]2000）*Nineteen Eighty-Four*, Penguin Classics（p.138）
5. George Orwell（[1949]2000）*Nineteen Eighty-Four*, Penguin Classics（p.179）
6. Edgar Allan Poe（[1843]2003）*The Fall of the House of Usher and Other Writings*（p.272）
7. Edgar Allan Poe（[1843]2003）*The Fall of the House of Usher and Other Writings*（p.273）
8. Edgar Allan Poe（[1843]2003）*The Fall of the House of Usher and Other Writings*（p.273）

「一歩上」に進むための
厳選例文 60
― 解釈や作文に活かせる重要語彙、文法、イディオムを身につける―

　巻末付録として、本書で扱ってきた時事英文や評論、文学作品などを読む上で知っておいたほうがよい構文や語法、言い回しのうち、中級以上の学習者が見落としがちなものを例文集という形を使って紹介していきたいと思います。

　合計60の例文を、文構造レベルのポイントにフォーカスした10文（構文編）と、それ以外の50文（イディオム・熟語編）に大きく分け、後者の50文については、さらに内容を基準にして5つのカテゴリーに分類しています。

　例文の中にはやや難度が高い語彙も含まれているので、1.3節（17〜27ページ）で触れた語彙力増強のツールとしても有効だと思います。全部で60文ですので、一気に読み通すこともできると思いますが、1日に2文ずつ進めても約1か月で網羅できます。ぜひ無理のないペースで和訳や暗誦に取り組んでみて下さい。

　それではまずは構文編の10文から確認していきましょう。

1 構文編

　文法や構文についてはこれまでも述べてきたとおり、大

学受験レベルの内容でかなり網羅されているので、ここでは第3章で扱った時事英文に特徴的な表現法や見落としてしまいがちな構造を中心に10例だけまとめました。

---

1. A great typhoon hit Tokyo, pounding the region with torrential rains.

訳 大きな台風が東京を直撃し、その地域を豪雨が襲った。

解説

• , pounding 以下は時事英文でもよく使用される結果を表す分詞構文です。
• pound A with B :「A に B を打ち込む」
• torrential rains :「豪雨」

---

2. Having nothing else to do, I read the entire vacation away.

訳 他にすることがなかったので、休暇中ずっと読書をして過ごした。

解説

• Having ...do は理由を表す分詞構文。
• read は本来、期間や時間を目的語に取ることができる動詞ではありませんが、そのような動詞であっても、「動詞＋時間＋ away」という形式を用いることで、「動

212

詞をして期間を過ごす」という意味を表現することができます。他にも drink the night away「夜を飲み明かす」、sleep the day away「1 日を寝て過ごす」といった言い方が可能。専門用語で time away 構文などと呼ばれるものです。

---

3. In what some might consider a bold move, the mayor greenlighted the project.

訳 大胆にもと思う人もいるだろうが、市長はその計画にゴーサインを出した。

解説

- in a bold move の in と a bold move の間に what some might consider が入った形。「大胆」と断言するのを避け、誰が「大胆」だと考えるのか、その判断の主体を明示するための時事英文でよく見られる表現法です。

- greenlight は「青信号」を表す名詞が動詞化したもので「…にゴーサインを出す、…をオーケーする」を意味します。なお、意外な動詞ということで言うと、実は OK という単語にも「…をオーケーする」という意味の他動詞の用法があり、口語では My boss OKed the purchase.「上司が購入をオーケーした」のように使うことができます。

4. Our team rejected his proposal in favor of our original plan.

訳 私たちのチームは彼の提案を退け、元々の計画のほうを選んだ。

解説

• 「拒絶・拒否・放棄を表す動詞＋目的語（**O**）＋in favor of ...」は「**O** を拒絶・拒否・放棄して…のほうを選ぶ」という頻出のパターン。reject 以外にも abandon, refuse, jettison などが用いられます。

---

5. She talked her way out of the job.

訳 彼女はいろいろと言ってその仕事を逃れた。

解説

• 「動詞＋ one's way ＋移動の前置詞句」という形式を用いて、「動詞をすることで…に移動する」という意味を表すことができます。例文 2. の例と似て、この形であれば本来 one's way を目的語に取ることのできない talk のような動詞でも使えるのが特徴で、専門用語では way 構文などと呼ばれています。talk one's way out of ... はその中でも辞書に個別の項目があるくらいに重要度の高い言い回しで「いろいろと言葉を並べることで主に望ましくないことを避ける」という意味になります。

6. The company featured a new line of cosmetic products, a move it hopes will revitalize its faltering reputation.

訳 その会社はコスメの新作シリーズを大々的に打ち出し、それによって揺らぎつつある評判を復活させようと期待している。

解説

- feature :「…を呼び物にする」
- a move ...「…手段」はその前の節全体を受ける同格語で、続く it hopes will revitalize... は (that) it hopes (that) will revitalize という連鎖関係詞節の形になっています。(連鎖関係詞節については 12 ページ)
- falter :「揺らぐ、ぐらつく」

7. The movie's unprecedented success has raised the standard for what it means to be a mega-hit movie.

訳 その映画の未曽有の成功によって、メガヒットムービーになるハードルが上がってしまった。

解説

- unprecedented :「未曽有の、前例のない」
- what it means (to 不定詞) は頻出の表現。「…する (…である) ということはどういうことか」という意味になり、行為や状態の本質や定義を問うような場面で用いられます。

8. The result of this research should be brought to bear on our policy.

訳 　この研究結果を私たちの政策に反映させるべきだ。

解説

• bring **O** to bear on... は「**O** に…に対する影響力を持たせる」という意味で今回のように受動態でもよく用いられます。目的語（受動態の場合には主語）には文字通り pressure「圧力」や influence「影響力」といった単語が使われることが多いですが、「研究、発見、知識」などを持ってくるケースもあります。

9. They are different in nature. No amount of wishing they were the same will make them so.

訳 　それらは本質的に違うものだ。どれほど同じであってほしいと望んでもそうはならない。

解説

• no amount of ... は「いかなる量の…も〜しない」が直訳ですが、これに動名詞句を続けることで「どれだけ…しても」という意味を表すことができます。英語→日本語は何となくでも意味を取れると思いますが、「どれだけ…しても」という日本語から no amount of ... を思いつけると表現の幅も広がりそうです。

• wishing they were the same は「wish+ 仮定法過去の節」の形。

10. They complained of the serious flaw in the system but their complaints went unheeded.

（訳）　彼らはそのシステムの深刻な欠陥について文句を言ったが、彼らの不満は無視されたままになってしまった。

解説

- 「go（pass）+ 注目・認識・確認を表す動詞の過去分詞の否定形」もよく出てくるパターンです。go（pass）unnoticed / unrecognized / unchecked / uncorrected などが可能で「認識 / 確認 / 修正されないまま物事が進んでしまう」という意味になります。

―――――― **2 イディオム・熟語編** ――――――

　さて、ここからは上でも述べたとおり、主に熟語やイディオムが使われている例文です。文の内容に基づいて以下の 5 つのカテゴリーに分類し、配列しています。

A) ビジネス・経済・産業
B) 政治
C) 文化・教育
D) 社会一般
E) 日常

11. After the whistleblowing article appeared, the organization began to crumble from within.

訳　内部告発の記事が出た後、その組織は内部から崩壊し始めた。

解説

- whistleblowing は「口笛を吹くような」が直訳ですが、「内部告発（の）」という意味を持ちます。whistleblower「内部告発者」もよく使う形。過去半世紀くらいにアメリカで定着した比較的新しい用法です。

- crumble from within は「内部（から）崩壊する」という意味で頻出の言い回し。within や without は前置詞というイメージが強いかもしれませんが、それぞれ「内」と「外」を表す名詞の用法もあります。

12. After it was featured on a TV program, the demand for the product ballooned.

訳　テレビ番組で特集された後、その製品の需要は一気に高まった。

解説

- feature の「…を特集する」はすでに日本語になっていますが、日本語のカタカナ発音では future「未来」と混同されている傾向があるので注意。

- balloon は動詞で使うと風船が広がるイメージで「一気に大きくなる、高騰する」といった意味を表現します。

---

13. This scandal dealt such a heavy blow to the company that it could never recover from its impact.

【訳】 このスキャンダルが相当重い打撃となり、会社は二度とその影響を払拭することができなかった。

解説

- 因果関係を表す such ... that〜の構文「非常に…なので〜」となっていることに注意。
- deal a (heavy) blow to ... :「…に（重い）打撃を与える」

---

14. The result of the hearing cast a shadow over the company's goal of making its products popular again.

【訳】 ヒアリングの結果、その会社の製品をもう一度人気のあるものにしようという目標に暗雲が立ち込めた。

解説

- hearing :「ヒアリング、公聴会」
- cast a shadow over ... :「（評判や計画などに）暗い影を投げかける」

15. The actor's popularity did not save the movie from ending in a total fiasco.

訳 その俳優の人気にもかかわらず映画は惨憺たる失敗に終わった。

解説
- save ○ from ... :「○ が…するのを防ぐ」
- end in a fiasco :「(イベント、行事などが) 大失敗に終わる」

---

16. The idea of outsourcing this service to an outside company seems to be pie in the sky.

訳 このサービスを外部の会社に外注するなんてのは絵に描いた餅だ。

解説
- outsource :「外注する」
- pie in the sky は「実現しそうにない話、夢物語」を意味する慣用句。pie を用いた熟語には他にも eat humble pie「(屈辱的な形で) 誤りを認める」といったものもあります。

17. The natural disasters that recently hit oil-producing countries have sent the oil price soaring into the stratosphere.

訳 最近産油国を襲った自然災害のせいで、原油価格がうなぎ上りだ。

解説

- send **O** ... ing：「**O** を一気に…させる」
- soar：「急速に上昇する」
- stratosphere「成層圏」を用いた、into the stratosphere「（値段などが）極端に高い状態に」という比喩的言い回しに注意しましょう。「値段や価格などが急騰する」という場合、skyrocket という動詞を使うこともあります。

18. The corporation rode roughshod over the rights of its employees.

訳 その企業は従業員の権利を踏みにじった。

解説

- ride roughshod over ... :「…を踏みにじる、蹂躙する」

19. These scandals were beginning to chip away at popular support for the company.

訳 これらのスキャンダルで会社への人々の支持も

徐々に薄れていきつつある。

解説

- chip away at ... は「少しずつ削り取る」が文字通りの解釈ですが、「…を徐々に弱体化させる」という比喩的な用法のほうが多いかもしれません。似たタイプの熟語に gnaw (away) at ...「…を悩ませ続ける」もあります。
- popular はここでは「人気の」ではなく、「人々の、人民の」という本来の意味。

---

20. The only way our company can survive in this situation is by kowtowing to the powers that be.

訳 私たちの会社がこの状況で生き残る唯一の方法は、権力者に媚びることだ。

解説

- kowtow to ... は中国の清朝皇帝の前で臣下が頭を地面に付けて行った「叩頭の礼」に由来する英単語で、比喩的に「…に媚びへつらう、ペコペコする」という意味で使います。
- the powers that be は「当局、権力者」を皮肉って表現する際のイディオム。16世紀の新約聖書の英訳に出てくる表現に由来します。動詞が are ではなく be となっているのは、複数現在に対応する be 動詞の形が be だった時代の名残です。

21. Those firms have started to zero in on customer service.

訳 それらの会社はカスタマーサービスに注力し始めた。

解説

- zero in on ... は「…に集中する、的を絞る」という意味の熟語。ほぼ同義の表現に home in on... というものもあります。

B) 政治

22. He was forced to resign as a minister because of a gaffe.

訳 彼はあるヘマのために大臣の職を辞することを余儀なくされた。

解説

- resign as... :「…を辞任する」
- gaffe :「（主に公的な場での）ヘマ、失言」

23. In the wake of the political scandal, the opposition won a landslide victory in the election.

訳 その政治スキャンダルの結果、野党が選挙で地滑

り的勝利を収めた。

解説

- in the wake of ... :「…に続いて、…の結果として」
- landslide の文字通りの解釈は「地滑り、地滑りの」で
  すが、日本語と同様英語でも「（選挙での）圧倒的勝
  利」を表すのに用います。

---

24. Many seem to regard me as a wet-behind-the-ears
candidate for the election.

（**訳**） 多くの人が私を未熟な選挙の候補だと見なしてい
るようだ。

解説

- wet-behind-the-ears は be wet behind the ears「未熟であ
  る、経験の浅い」が形容詞化したものです。風呂上がり
  に子供が耳を拭かずに濡れたままになってしまうことに
  由来するイディオムです。

---

25. The municipal government introduced a very strict
regulation in a bid to crack down on drunk driving.

（**訳**） その地方自治体は飲酒運転を取り締まるために非
常に厳しい条令を制定した。

解説

- municipal :「地方の、地域の」

- in a bid to 不定詞 :「…する目的で」
- crack down on ... :「…を取り締まる」

---

26. The officials ratcheted up their attempts to introduce the new system.

訳 官僚たちはその新システム導入の試みを徐々に勢いづかせていった。

解説

- ratchet up (down) ... :「…の程度や調子などを徐々に上げる（下げる）」

---

27. The result of the election bodes ill for their human rights movement.

訳 この選挙の結果は彼らの人権運動にとっては悪い兆しである。

解説

- bode は「兆しとなる」という動詞で、bode well (ill) for ...「…にとって良い（悪い）兆しとなる」という形で使います。また、これに由来する形容詞 well- (ill-) boding「幸先の良い（悪い）」にも注意しましょう。

28. After many years of putting too much emphasis on reading, the pendulum swung in the opposite direction and people started to stress listening and speaking to the neglect of reading.

訳 長年リーディング重視が続いた後、振り子が逆に振れて、人々はリスニングやスピーキングを重視し始め、リーディングを軽視するまでに至ってしまった。

解説

- the pendulum swings「振り子が振れる」は考え方や傾向が反動で逆の方向に向かう際によく用いられる比喩表現です。
- to the neglect of ... :「結果として…を軽視するに至るまで」

29. Almost all the teachers, including university professors, were adamant that the implementation of this reform plan had to be postponed, or better yet canceled.

訳 大学教授も含め、ほとんど全ての教員がこの改革案の実施は延期しなければならない、いや、いっそのこと中止せねばならないと断固主張した。

解説

- be adamant that節 :「…だと断固主張する」
- or better yet の yet は比較級を強調する副詞で全体は「いや、いっそうよいことには」という意味になります。

---

30. It is this novel that has established him as one of the forces to be reckoned with in contemporary American literature.

訳 まさにこの小説こそが、現代アメリカ文学において彼が一目置かれる人物となるきっかけだった。

解説

- It is ... that は分裂文（強調構文）になっています。
- establish :「…の地位など確立させる」
- a force to be reckoned with :「影響力のある人物、侮れない人物」

---

31. Kudos to the team for winning the contest!

訳 チームのコンテスト優勝に拍手を！

解説

- kudos は「名声、賞賛」を意味するギリシャ語 kydos に由来します。今回の例のように Kudos to... という形で「…に拍手を」という賞賛を表明するための言葉として

も用いられます。

---

32. The confirmed cases might be the tip of the
iceberg.

（訳） 確認された感染者数は氷山の一角かもしれない。

解説

- case の「症例」、また「その症例の患者」を表す用法に
  注意。
- the tip of the iceberg：「氷山の一角」

---

33. This detective novel is almost unputdownable.

（訳） この推理小説は読むのを止められないほど面白い。

解説

- unputdownable は put down「本を途中で置く（読むの
  を止める）」を1つの動詞のように見なして、それに接
  尾辞の -able「…できる」と un-「…ない」がくっついた
  面白い単語です。意味は「読むのを止めて置くことがで
  きない」→「それほどに面白い」となります。

---

34. Those who have wreaked havoc on our crops must
be held accountable.

訳　私たちの作物を無茶苦茶にしたものは責任を負わ
ねばならない。

解説

- havoc は「大損害、大混乱」という意味の名詞で、通例、
wreak havoc on ... や play havoc with ...「…に大損害を
もたらす、無茶苦茶にする」という表現で使います。
- hold ○ accountable :「○ に責任を負わせる」

---

35. That was the fly in the ointment in his otherwise
admirable mode of teaching.

訳　彼の素晴らしい教え方もその点が玉にキズだった。

解説

- the fly in the ointment「軟膏の中の一匹の蠅」は「(そ
れ以外の点では好ましい) ものや状況を台なしにしてし
まう欠点」の比喩として使われる慣用句です。旧約聖書
の『コヘレトの言葉』に由来します。
- otherwise :「それ以外の点では」

D) 社会一般

---

36. His ridiculous behaviors torpedoed our long-
cherished plan.

訳　彼の愚かな行為が私たちの念願の計画をぶち壊し

にした。

- torpedo は元々は「魚雷」という意味の名詞ですが、政策や計画などを「ぶち壊す」という動詞としても使います。
- long-cherished：「念願の、長きにわたって抱いてきた」

---

37. He defended the sexist article under the guise of protecting freedom of speech.

（訳） 彼はその性差別的な記事を言論の自由を守るという口実で擁護した。

解説

- under the guise of の guise は「装い」という意味で、全体は「…を装って、…するふりをして」という意味になります。guise の代わりに pretense を用いて under the pretense of ... としても同様の意味を表せます。

---

38. It doesn't take rocket science to realize that the reform plan has serious problems in terms of feasibility.

（訳） この改革案には実行可能性の観点から深刻な問題があるということを理解するのは特別に難しいことではない。

解説

- ある事柄が特別難しいことではないということを表現するために、rocket science「ロケット科学」を非常に専門的で難しいことのたとえとして用いて、It isn't rocket science.「ロケット科学ではない（直訳）」、It doesn't take rocket science.「ロケット科学は必要ない」といった言い方をすることがあります。rocket science の代わりに brain surgery「脳外科手術」を用いることも。

---

39. Mr. ABC, who was indicted for driving under the influence, was sentenced to five months in jail.

訳 ABC 氏は飲酒運転で起訴され、懲役 5 か月の判決を受けた。

解説

- indict は「…を起訴する」という他動詞で、受動態の形で使用されることが多いものです。
- driving under the influence の「飲酒運転」は厳密に言えば under the influence of alcohol ということですが、of alcohol を省略しても同様の意味となります。

---

40. The widespread currency of the idea of self-responsibility allowed many people to turn a blind eye to their plight.

自己責任という考え方が広く普及しているために、多くの人が彼らの悲惨な状況に対して見て見ぬふりをしてしまっている。

解説

- the widespread currency of ... :「…が広く流布していること、広く流通していること」
- allow O 〔to 不定詞〕:「O に…することを可能にさせる」
- turn a blind eye to ... :「…に対して見て見ぬふりをする」

---

41. The movement regained traction with Taro Yamada as its new leader.

訳 その運動は山田太郎を新しい指導者に据え、牽引力を取り戻した。

解説

- regain traction :「牽引力（人々を惹きつける力）を取り戻す」
- with Taro Yamada as its new leader は with の付帯状況の構文で「山田太郎をその新リーダーとして」が直訳になります。

---

42. Those who stoke the flames of hate should be criticized severely.

訳 憎悪の感情を煽る人々は厳しく批判されるべきだ。

解説

- stoke the flames の flames は「非常に強い感情、激情」を表します。stoke the flames of anger「怒りを煽る」や stoke the flames of division「対立を煽る」など、主にネガティブな文脈で用いられる表現です。

---

43. Taro Yamada was excoriated for taking advantage of legal loopholes.

訳 山田太郎は法の抜け穴を利用したことで痛烈に非難された。

解説

- excoriate：「…をこきおろす、酷評する」
- take advantage of ... :「…を利用する、…につけこむ」
- loophole：「抜け道、小穴」

---

44. Their reactions to the announcement run the gamut from enthusiasm to complete indifference.

訳 その発表に対する彼らの反応は熱狂から完全な無関心まであらゆるレベルに及んでいた。

解説

- gamut は元々「全音域」を表す単語ですが、比喩的に「全ての領域」という意味で用いられます。特に、run the gamut of...（from...to〜）「…の（…から〜までの）

全領域に及んでいる」は重要な表現。

45. All you can do now is wait for things to cool down.

訳 あなたにできるのは事態が収まるのを待つことだけだ。

解説

• things to cool down の things は「事態、状況」という意味で、全体で「事態が収まる」となります。cool down の代わりに settle down を使っても「事態が落ち着く」という同様の意味を表現することが可能です。

46. Don't beat around the bush. Call a spade a spade.

訳 回りくどい話し方はやめて、率直に言いなさい。

解説

• beat around（about）the bush：「要点を言わずに遠まわしに話す」

• call a spade a spade：「率直に言う、歯に衣着せない話し方をする」

47. Every Tom, Dick and Harry seems to be using this dating app.

訳 猫も杓子もその出会い系アプリを使っているみたいだ。

解説

- every Tom, Dick and Harry はありふれた名前を3つ並べることで「誰もかれも」というニュアンスを表現する言い回し。
- 日本語での「出会い系アプリ」は英語では a dating app になります。

48. Everyone has one or two skeletons in their closet (cupboard).

訳 誰にだって人に知られたくない秘密の1つや2つはある。

解説

- a skeleton in the closet (cupboard):「他人に知られたくない秘密、一家の隠しごと、身内の恥」

49. Finally the penny dropped and I realized they were going out.

訳 ようやく意味が分かって、彼らがつきあっている

と理解した。

解説

- the penny dropped は主にイギリス英語で使われる言い回しで「言われていたことの意味が分かる」という熟語。
- go out:「（若者が恋愛対象として）つきあう、交際する」

---

50. His unusual kindness led them to suspect that he had some ax to grind.

訳 彼がいつになく親切だったので彼らは何か下心があるのではないかと考えた。

解説

- have an (some) ax to grind は文字通りには「磨く斧を持っている」ということですが、「下心がある、腹に一物ある」という意味のイディオムです。

---

51. You should get out of the echo chamber of social media.

訳 同じ意見ばかりが聞こえてくる SNS の閉じられた空間から外に出るべきだ。

解説

- the echo chamber は本来は音が響き渡り幾重にも重なって聞こえる「残響室」という意味ですが、ここから転じて、同じような意見ばかりが繰り返される閉じられた

空間のことを指す言葉になっています。そのような空間
にいるうちに、それが真実であるという偏った見方に陥
ってしまうことをエコーチェンバー現象と呼んだりもし
ます。

---

52. I recoiled at the thought of having to explain this result to my parents.

> **訳** この結果を両親に伝えねばならないと思うとゾッとなって尻込みしてしまった。

解説

• recoil at ... :「…に（恐怖や嫌悪を感じて）後ずさりする」

---

53. If you see the ancient castle directly, you cannot help but feel goosebumps.

> **訳** その古城を直に見れば、思わず鳥肌が立つよ。

解説

• feel goosebumps :「鳥肌が立つ」

---

54. I can see now, with the benefit of hindsight, that this was a huge mistake.

後の祭りだが、今はこれが大きな間違いだったと
分かる。

解説

- hindsight は「後知恵」という意味で、with the benefit of hindsight「後知恵で、後の祭りだが」というフレーズでよく用いられます。

---

55. Only then did it occur to me that he might be pulling my leg.

訳 その時になってはじめて、彼が私をからかっているのかもしれないということに気づいた。

解説

- only の付いた副詞句が文頭にある場合は否定語句が文頭にある場合と同じく、主語と述語の部分が疑問文と同様の形になります。
- occur to ... :「（考えなどが）…の頭に浮かぶ」
- pull one's leg :「…をからかう」

---

56. People are on tenterhooks about whether life will return to normalcy.

訳 人々は生活が正常に戻るのかどうかやきもきしている。

解説

- on tenterhooks :「やきもきして、心配して」
- normal の名詞形には normality と normalcy の 2 種類が存在しますが、アメリカ英語では、return to normalcy がよく用いられます。これにはハーディングの大統領選のスローガンが第 1 次大戦前の状態に戻ることを訴えた "A Return to Normalcy"「いつもにもどろう」であったことが背景にありそうです。

---

57. That rude remark was the last straw for his patience.

訳　その無礼な発言にとうとう彼も我慢の限界がきた。

解説

- the last straw は「我慢の限界になるきっかけ」という意味のイディオム。由来は、It was the last straw that broke the camel's back.「ラクダの背を折ったのは一本の藁だった」という諺で、些細な事柄でも積もり積もっていけば、予想外の結果を生むというニュアンスがあります。

---

58. The video of the child actor dancing with dogs has gone viral on the net.

訳　その子役俳優が犬と踊っている動画がネットでみ

るみる拡散した。

解説

- of the child actor dancing のところは「of ＋意味上の主語 ＋ 動名詞」の形。
- go viral :「（ネット上などで）拡散する、バズる」

---

59. Unbeknownst to her mother, she started working part-time at a bar.

［ 訳 ］ 母親が知らないまま、彼女はバーでバイトし始めた。

解説

- unbeknownst to ... :「…に知られないまま、…に気づかれずに」
- work part-time :「アルバイトをする」

---

60. When we were waiting there, you could have heard a pin drop a mile away.

［ 訳 ］ 私たちがそこで待っている時、あたりは本当にしーんと静まり返っていた。

解説

- could have heard a pin drop a mile away「1 マイル離れたところで針が落ちるのも聞くことができただろう」というのは誇張的なたとえであり、それくらいに静かだっ

たということを表します。もちろん、実際に音が聞こえたわけではないので仮定法の形になっています。「完全なる静寂」を意味する pin-drop silence という言い回しはこの表現に由来するもの。

北村一真（きたむら・かずま）

1982（昭和57）年，兵庫県生まれ．2010年，慶應義塾大学大学院後期博士課程単位取得満期退学．学生時代に関西の大学受験塾，隆盛ゼミナールで難関大学対策の英語講座を担当．滋賀大学，順天堂大学の非常勤講師を経て，2009年に杏林大学外国語学部助教に就任．2015年より同大学准教授．中央大学法学部兼任講師．
著書『英文解体新書』（研究社，2019年）
　　『Winning Presentations』（共著，成美堂，2018年）
　　『英文解体新書 2 』（研究社，2021年）
　　『英文読解を極める』（NHK 出版新書，2023年）
　　『英語の読み方 リスニング篇』（中公新書，2024年）

英語の読み方
中公新書 2637

2021年 3 月25日初版
2024年 8 月30日 8 版

著　者　北村一真
発行者　安部順一

本文印刷　三晃印刷
カバー印刷　大熊整美堂
製　　本　小泉製本

発行所 中央公論新社
〒100-8152
東京都千代田区大手町 1-7-1
電話　販売 03-5299-1730
　　　編集 03-5299-1830
URL https://www.chuko.co.jp/